# MARCO ✛ POLO

W0069992

# FINNLAND

Reisen mit
**Insider Tipps**

> Mitten im blaugrünen Flicken-
> teppich aus Wäldern und Seen steht
> ein winziges Sommerhäuschen –
> unser Traum von Finnland.
> *MARCO POLO Korrespondenten*
> *Jessika Kuehn-Velten*
> *und Heiner Labonde*
> (siehe S. 131)

**Spezielle News, Lesermeinungen und Angebote zu Finnland:**
**www.marcopolo.de/finnland**

# FINNLAND

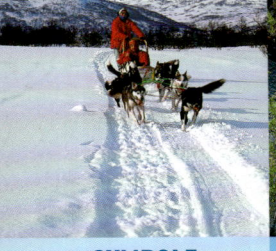

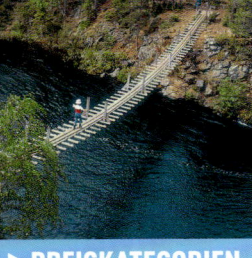

## > SYMBOLE

**MARCO POLO INSIDER-TIPPS**
Von unseren Korrespondenten für Sie entdeckt

⭐ **MARCO POLO HIGHLIGHTS**
Alles, was Sie in Finnland kennen sollten

☀ **SCHÖNE AUSSICHT**

📶 **WLAN-HOTSPOT**

▶▶ **HIER TRIFFT SICH DIE SZENE**

## > PREISKATEGORIEN

**HOTELS**
€€€   über 90 Euro
€€    70–90 Euro
€     unter 70 Euro
Die Preise gelten für ein Doppelzimmer pro Nacht mit Frühstück

**RESTAURANTS**
€€€   über 20 Euro
€€    15–20 Euro
€     unter 15 Euro
Die Preise gelten für ein Hauptgericht ohne Getränke

## > KARTEN

[118 A1]  Seitenzahlen und Koordinaten für d Reiseatlas Finnlar

[U A1]  Koordinaten für d Karte Helsinki im hinteren Umschla

[0]  außerhalb des Kartenausschnitts

Zu Ihrer Orientierung sind auch die Orte mit Koordin versehen, die nicht im Re atlas eingetragen sind

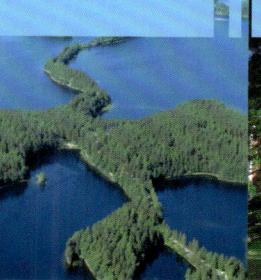

## > SZENE

S. 12–15: Trends, Entde-
ckungen, Hotspots! Was
wann wo in Finnland los
ist, verrät der MARCO
POLO Szeneautor vor Ort

## > 24 STUNDEN

S. 96/97: Action pur und
einmalige Erlebnisse in
24 Stunden! MARCO POLO
hat für Sie einen außer-
gewöhnlichen Tag in Hel-
sinki zusammengestellt

## > LOW BUDGET

Viel erleben für wenig Geld!
Wo Sie zu kleinen Preisen
etwas Besonderes genießen
und tolle Schnäppchen
machen können:

Für zwei Euro zur General-
probe des Philharmonischen
Orchesters S. 36 | Kostenlose
Fährfahrten S. 48 | Auf zum
Edelstein-Direktverkauf S. 72
| Unterkunft mit Sauna für 14
Euro pro Person S. 81 | Eintritt
frei: Wildnishütten für Wanderer S. 89

## > GUT ZU WISSEN

Spezialitäten S. 26 | Blogs &
Podcasts S. 40 | Bücher &
Filme S. 53 | Mücken & Co.
S. 64 | www.marcopolo.de
S. 106 | Was kostet wieviel?
S. 109 | Wetter in Helsinki
S. 110

**AUF DEM TITEL**
Schiffstour durch die Seen-
landschaft: von Kuopio nach
Savonlinna S. 65
Design District Helsinki S. 39

# ENTDECKEN SIE FINNLAND!

Unsere Top 15 führen Sie an die traumhaftesten Orte und
zu den spannendsten Sehenswürdigkeiten

*Die Highlights sind in der Karte auf dem hinteren Umschlag eingetragen*

 **Mittsommerfest**
Ganz Finnland feiert, tanzt und singt im
Freien. Dabeisein ist alles (Seite 23)

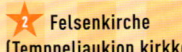 **Felsenkirche
(Temppeliaukion kirkko)**
Mitten in Helsinki: Von oben in einen
großen Fels gesprengt, gilt sie vielen
als die schönste Kirche Finnlands
(Seite 33)

**Senatsplatz (Senaatintori) mit
Dom (Tuomiokirkko)**
Das klassizistische Ensemble in Helsinkis
Innenstadt ist vollkommen (Seite 35)

**Suomenlinna**
Die Inselgruppe vor Helsinki ist Kultur-
schatz und Naherholungsgebiet der
Hauptstadt (Seite 36)

 **Rauma**
Unesco-Weltkulturerbe: das größte
zusammenhängende Holzhausviertel
Skandinaviens prägt mit 600 Gebäuden
das Gesicht der Stadt (Seite 53)

 **Naantali**
Märchenhaftes Küstenstädtchen mit
Häusern, die wie Laubsägearbeiten
erscheinen – zu Recht ist Naantali eines
der beliebtesten Ausflugsziele der Region um Turku (Seite 56)

 **Uusi-Valamo**
Hier fühlt man sich nach Russland ver-
setzt: das Mönchskloster Uusi-Valamo
geht zurück auf eine Klosteranlage aus
dem 12. Jahrhundert und ist ein heraus-
ragendes Beispiel für die Kultur des orthodoxen Christentums (Seite 64)

# > DIE BESTEN MARCO POLO HIGHLIGHTS

 **Stromschnellen**
Schäumende Gischt zwischen gepflegtem Grün: Allabendlich wird das alte Flussbett des Vuoksi bei Imatra zu den Klängen von Sibelius geflutet (Seite 67)

 **Punkaharju**
Die Ausblicke vom eiszeitlichen Landrücken haben schon die Zaren begeistert. Spektakulär: das unterirdische Kunstzentrum Retretti (Seite 71)

 **Silberlinie (Hopealinja)**
Linienschifffahrt durch eine grandiose Landschaft (Seite 75)

 **Ilomantsi**
Heimat lebendiger karelischer Bräuche in urwüchsiger Landschaft mit einer der größten orthodoxen Kirchen (Seite 79)

 **Koli**
Finnlands „Nationalaussicht": Von den kahlen Kuppen der 347 m hohen Koli-Berge ergeben sich wunderschöne Panoramablicke (Seite 81)

 **„Bärenrunde" (Karhunkierros)**
Ziel vieler Outdoorfreaks: der Wanderweg (80 km) nördlich von Kuusamo (Seite 83)

 **Pallas-Yllästunturi-Nationalpark**
Der gut erschlossene Nationalpark ist ein Paradies für Wanderer, Skifahrer und Angler (Seite 87)

 **Arktikum**
Preisgekröntes Museum in Rovaniemi, das spannend über Lappland und den Polarkreis informiert (Seite 88)

# WAS FÜR EIN LAND!

Grenzfluss Torncälv, Stromschnellen Kukkulankoski

# AUFTAKT

> Natürlich Finnland. Wo sonst kann man am gleichen Tag Beeren und Pilze sammeln und abends Tango auf der Straße tanzen? Wo, wenn nicht hier, schwitzt man friedlich miteinander in der Rauchsauna – und trifft sich anschließend zum fröhlichen Wodkatrinken wieder? Und wo sonst schätzt man die Stille der tausend Seen ebenso hingebungsvoll wie lärmende Abende in einer Karaoke-Bar? Was die Finnen ausmacht? Natürlich ihre Sommerhäuschen mit Sauna am See. Und ein gewisser Sinn für Abseitiges und Skurriles. Gehen Sie mit in die Sauna, springen Sie in den See, essen Sie Piroggen, feiern Sie finnisch. Sie werden es lieben.

> Vorsicht – es könnte sein, dass Sie nach Finnland fahren und von der herrlichen Gegend nicht mehr loskommen. Suomi, wie Finnland in der eigenen Sprache heißt, das ist eine unvergleichliche Schärenküste, ein unendlicher grünblauer Flickenteppich aus Wald und Wasser, das ist weites Moor und offene Tundra, das sind silberne Nächte im Mittsommer und Polarlichter im Winter.

Aber ein Besuch im Land der Tangotänzer, Sommerhüttenbesitzer und Handyerfinder ist mehr als ein Ausflug ins Grüne. Es ist eine Entdeckerreise in eine spezielle Lebensart. Besucher finden dieses Besondere in kultureller Vielfalt und lebendiger Kunstszene, auf bunten Festivals und beim Genuss finnischer Spezialitäten. Die kulturelle Seite Finnlands ist wohl deshalb so spannend und lebendig, weil sich hier finnische, samische, schwedische und russische Wurzeln und Einflüsse im Laufe der Jahrhunderte vermischt haben. Stand doch Finnland in den Zeiten vor der Unabhängigkeit abwechselnd unter der Herrschaft der Schweden und Russen, beide gleich schlecht gelitten beim freiheitsliebenden Volk. Beide haben sprachliche und architektonische Spuren hinterlassen, sichtbar etwa in den lutherischen und orthodoxen Traditionen.

Weil Finnland als souveräner Staat noch keine 100 Jahre alt ist, befindet sich die Identitätsbildung auch in

> *Die Finnen verstehen es, immer neue Feste zu erfinden*

Kunst, Musik, Theater und Design im andauernden Umbruch. In welchem anderen europäischen Land kommt ein Museum auf nur etwa 6000 Einwohner? Kenner schätzen die neue finnische Musik, innovatives Theater und experimentellen Tanz. Längst sind eigenwillige Pop- und Rockmusikklänge aus Finnland

Grüne Lunge mit neoklassizistischer Eleganz: der Esplanade-Park in Helsinki

in den internationalen Charts, unverbrauchter als aus der angloamerikanischen Musikmaschinerie. Und erst die Feste und Festivals! Finnen verstehen es, jeden Anlass, jedes Thema in ein Fest zu kleiden: Opernfestspiele, die Wahl des Tangokönigs, Angelwettbewerb oder Erdbeerkarneval – unerschöpflich scheint die finnische Phantasie. Besonders an den Finnen ist auch das stolze Bewusstsein ihrer Wurzeln, ihrer oft schmerzvollen Geschichte. So ist es für moderne Künstler eine Ehre, an altes Brauchtum anzuknüpfen. Volksmusik, Handwerk und Volksgut werden hoch und lebendig gehalten, gleichzeitig weiterentwickelt.

Finnland – das sind 450 km West-Ost- und 1150 km Nord-Süd-Ausdehnung über den Polarkreis hinweg, zwischen 59 Grad und 70 Grad nördlicher Breite. So ist auch das landschaftliche Bild von eindrucksvoller Vielfalt: Einen Ausflug an die

Schären, die hingestreuten Felseninseln im Meer, sollte sich keiner entgehen lassen. Die Schären sind ein einzigartiges Naturensemble aus Wald und Wasser, aus Inseln und Klippen – besonders schön zu erleben auf der 200 Kilometer langen Schärenringstraße. Es sind diese unberührte Landschaft, diese Ruhe und Stille, die viele Finnlandfreunde suchen und lieben. Ein Urlaub im Sommerhaus am See, an dem es immer etwas zu basteln gibt, wenn man nicht gerade am Steg sitzt und einfach nur hinausträumt aufs Wasser – das ist finnische Sommeridylle pur.

> **Einzigartiges Naturensemble aus Inseln, Wald und Wasser**

Finnland ist ein Paradies für Outdoorfreaks. Sanfte Hügel, schroffe oder rund gewaschene Felsen sind ein ideale Wander- und Kletterreviere, unzählige Routen führen Hiker und Biker durch Wald und Bruch. Genau 187 888 Seen gibt es im „Land der 1000 Seen", wie Finnland in klarem Understatement heißt – ein Eldorado für Wassersportler, Kanuten und Segler. Und wenn die Tage kürzer werden, schnallen die Langläufer ihre Ski unter, die Finnen fiebern beim Eishockey mit. Rentier- oder Motorschlittensafaris stehen auf dem Programm. Klimatisch kennt Finnland wiederum westliche und östlich- kontinentale Einflüsse, mit warmen Sommern und kalten Wintern.

Doch Finnland ist nicht nur ein beschauliches Land, sondern auch modernes und innovatives Mitglied der

**Um 0–700** Finnen wandern aus dem Gebiet zwischen Ural und Kaspischem Meer ein und verdrängen die *Sámi* („Lappen") nach Norden

**1155** Erster schwedischer Kreuzzug nach Finnland, Beginn der Christianisierung

**1527** Beginn der Reformation

**1550** Helsinki wird gegründet

**1700–1721** Im Nordischen Krieg verliert Schweden die Vormachtstellung, Karelien fällt an Russland

**1809** Schweden verliert Finnland, das zu einem autonomen russischen Großfürstentum wird

**1812** Helsinki wird Hauptstadt

**1835** Elias Lönnrot veröffentlicht das Nationalepos „Kalevala"

**1863** Finnisch wird neben Schwedisch Amtssprache

**6. Dez. 1917** Das Parlament erklärt die staatliche Unabhängigkeit Finnlands

**1918** Bürgerkrieg im Zuge der Ablösung von Russland. Die Kommunisten unterliegen den bürgerlichen Kräften

**1919** Verkündung der republikanischen Verfassung

**1939–1944** In der Folge zweier Kriege gegen die UdSSR muss Finnland große Gebiete an den Nachbarn abtreten

**1995** Finnland wird Mitglied der Europäischen Union

**2000** Mit Tarja Halonen ist erstmals eine Frau im Amt des Staatspräsidenten

**2002** Der Euro kommt

**2007** Einführung eines generellen Rauchverbots in der Öffentlichkeit

EU-Familie. Die parlamentarische Demokratie hat ein Ein-Kammer-Parlament mit 200 Abgeordneten. Üblich sind Regierungskoalitionen mit mehreren Parteien, eine starke und nicht nur repräsentative Stellung hat die Präsidentin. Politisch-traditionell um Konsens und Kompromiss bemüht, ist Suomi heute ein wichtiger Bote für Frieden und Völkerverständigung, ein geschätzter Vermittler auf dem internationalen Parkett.

Auch in anderen Bereichen hat Finnland Vorbildstatus erreicht: Wirtschaft, Technologie, Bildung und Wissenschaft sind die Stichworte der Erfolgsstory. Pisa-Studien erkennen finnischen Schülern regelmäßig Bestnoten zu. Ein möglicher Grund: Das Finnische entstammt dem finno-ugrischen Sprachraum und hat nicht nur wenig Sprachverwandte, sondern ist auch schwierig zu lernen. Und so beginnen die kleinen Finnen schon früh, sich in fremden Klängen auszudrücken. Vorteil für Sie: Sie müssen sich auf Ihrer Finnlandreise nicht quälen mit den doppelten ää und öö. Man wird Ihnen oft in bestem Englisch (und Deutsch) begegnen.

Wirtschaftlich belegt Suomi Spitzenplätze. Noch vor zwei Jahrzehnten sprach der internationale Markt höchstens über die traditionelle Holz- und Papierindustrie. Inzwischen hat Finnland kräftig in technisches Know-how, Forschung und Entwicklung investiert. In Zukunftsfeldern wie etwa der Biotechnologie spielen die Finnen in der ersten Liga. Und in der Kommunikationsbranche haben sie die

Nase vorn – nicht nur wegen Nokia. Finnland gehört heute zu den innovativsten und wettbewerbsfähigsten Nationen der Welt.

Den Erfolg verdanken die Finnen wohl ihrem *sisu*, einer typischen Eigenschaft, die für Lebenskraft, Mut, Zuversicht und Beharrlichkeit steht.

sie mit Fremden warm werden, dann aber sind es aufrichtige Freundschaften. Die Südländer unter den Finnen finden Sie in Helsinki – ein Grund mehr, der so lebendigen und doch gar nicht hektischen Hauptstadt gesonderte Aufmerksamkeit zu widmen. Denn Helsinki ist noch einmal anders als das übrige Finnland und sicher

Zurück zur Natur: Kanufahrer auf dem Ounasjoki-Fluss

Wie sie sonst sind, die Finnen? Sie gelten als schweigsam und zurückhaltend, als Menschen, die sich nicht auf-

> **Die Südländer unter den Finnen leben in Helsinki**

drängen und die diese Eigenschaften mit Freundlichkeit, Hilfsbereitschaft und Toleranz verbinden. Es dauert, bis

eine der schönsten Hauptstädte Europas. Unter den nordischen Metropolen ist sie derzeit wohl das In-Ziel für Städtetrips, für Design- und Shoppingfreunde wie Szenegänger.

Was immer Sie also reizt: Handwerk oder Hightech, Stille oder Partyleben – es gibt viel zu entdecken. Und Finnland heißt Sie willkommen: *Tervetuloa Suomeen!*

# ▶▶ TREND GUIDE FINNLAND

Die heißesten Entdeckungen und Hotspots! Unser Szene-Scout zeigt Ihnen, was angesagt ist

### Anne Maarit Cartheuser

arbeitet am Finnland-Institut in Deutschland und erlebt täglich die neuesten Trends aus Helsinki. Vor allem die finnischen Designer mit ihren unkonventionellen, mutigen Kollektionen haben es ihr angetan. An Finnland liebt sie den Tango, die Natur und das Helsinkier Nachtleben. Ein perfekter Tag beginnt für sie mit dem typisch finnischen Kaffee und endet mit einem Besuch in der Sauna.

# ▶▶ MEHR ALS VINTAGE

### Außergewöhnliche Outfits

Fashionfans geben sich nicht mit dem Vintage-Trend zufrieden. In Helsinki wird der Style nochmal getuned: Der Look wird weiterentwickelt und nach dem Motto „pimp my shirt" aufgepeppt – mit außergewöhnlichen Stoffen, Farben, Accessoires und Applikationen. Der *Shop Lux* ist für seine Shirts mit verrückten Prints, Kleider mit abgefahrenen Schnürungen und Sweater bekannt, die zwar wie von gestern aussehen, aber die Trends von morgen sind (*Uudenmaankatu 26, www.lux-shop.fi*). Bei *Hundpark* gibt's z.B. Gummistiefel mit Applikationen und Designerkleider in 1950er-Jahre-Optik (*Iso Roobertinkatu 17-19, www.hundpark.net*). Outfits von Nachwuchsdesignern wie René Gurskov hängen bei *Wunder* an der Stange (*Laivurinrinne 1, www.myspace.com/wundershop*). Wem das nicht trendy genug ist, der holt sich Infos von der Straße: Street-Fashion-Fotografen sind immer unterwegs, um die coolsten Helsinkier abzulichten (*www.hel-looks.com*, Foto).

# SZENE

## ▶▶ NORTHERN TASTE

### Design auf dem Teller

Die Finnen lieben die kreative Küche und dinieren am liebsten in ultracoolen Designlocations mit durchgestylten Foodkonzepten. Im *Olo* kocht Pekka Terävä einen Mix aus moderner nordischer Haute Cuisine und traditionellen Rezepten. Die Kreationen werden dabei wie Bilder auf die Teller „gemalt". Köstlich: das Rentierfilet im Pfeffermantel mit Rosmarinjus *(Kasarmikatu 44, Helsinki, www.olo-restaurant.com)*. Absolute Eyecatcher zaubert auch Hans Välimäki im *Chez Dominique* auf den Tisch: Seine Menüs sind optische und kreative Highlights, mit Blüten und Saucenstreifen raffiniert dekoriert. Das coole Designinterior ist inklusive *(Rikhardinkatu 4, Helsinki, www.chezdominique.fi,* Foto*)*. Im *Ilmatar* gilt das Prinzip der Wildnis: Alle Lebensmittel stammen aus der freien Natur. Serviert wird das Ganze als stylishes Designfood, z.B. Rentier aus Salla auf Preiselbeeren und Jerusalem-Artischocke *(im Hotel Klaus K, Bulevardi 2, Helsinki, www.ravintolailmatar.fi)*.

## ▶▶ UNDERGROUND MUSIC

### Von Elektro bis Deep House

Feiern konnten die Finnen schon immer, seit Kurzem boomt vor allem die Underground-Musikszene. Hip-Hop, Funk, House und Dancehall gibt's im *Kuudes linja* zu hören. Rein finden nur Szenegänger: Der Eingang ist im Hinterhof *(Hämeentie 13, Eingang über Kaikukatu 4, www.kuudeslinja.com,* Foto*)*. Für Alternative und Pop ist das *Belly* berühmt *(Uudenmaankatu 16–20)*.

Pop, Rock und Jazz abseits des Mainstream wird im *Club Liberté* gespielt. Jeden Sonntag offene Sessions für alle, die gerne auf der Bühne stehen *(Kolmas linja 34, www.clubliberte.fi)*.

## ▶▶ SPRECHENDE BILDER

### Comics aus Finnland

Die Comicszene boomt und einheimische Zeichner räumen auch auf internationalen Festivals ab. Matti Hagelberg gilt als einer der coolsten Stars der Independent-Szene (www.taik.fi), Katja Tukiainen zeichnet eher kindlich und behandelt sozialkritische Themen (www.katjat.net, Foto). Die lässigsten und neuesten Comics der Locals gibt's bei *Napa*, Buchladen und gleichzeitig Verlag für alle Kreativen (Eerikinkatu 18, Helsinki, www.napabooks.com). Ständig neue Strömungen und Trends der Szene präsentiert das finnische Comicfestival (www.sarjakuvafestivaalit.fi) in Helsinki. Wer nicht genug bekommen kann: Workshops, Ausstellungen und das Neueste über die finnische Comicszene gibt's unter www.worldcomics.fi.

## ▶▶ SLEEP IN SNOW

### Eine Ode an den Norden

Die neuen In-Herbergen sind Designtempel und super cool – im wörtlichen Sinne, denn sie sind komplett aus Schnee! Spielplätze, Hochzeitskapelle oder ein exquisites Restaurant – in den frostigen Locations mangelt es weder an Vielfalt noch an Luxus. Im Hotel *Kakslauttanen* verbringt der Gast die Nacht auf kuscheligen Fellbetten im Iglu – je nach Belieben aus Schnee oder mit Glaskuppeln. Tagsüber gibt's Snowmobil-Safaris, Eisschwimmen und einen Kurs im Eisschnitzen und Schneeskulpturenbauen (Saariselkä, Lappland, www.kakslauttanen.fi, Foto). Ganz aus Schnee bestehen Hotel und Restaurant des *Snow Village*. Stylish: die Zimmer mit rot beleuchteten Betten aus Eis, Vorhängen aus Schnee und sogar Eisglasfenstern (Ylläsjärventie 158, Ylläsjräventie, www.snowvillage.fi).

## ▶▶ BARHOPPING

### Warm-up á la Suomi

Helsinkis Partynächte starten am Tresen – und zwar an den verschiedensten. Barhopping ist in, in wechselnden In-Vierteln und ständig neuen Locations. Das Motto lautet: Hauptsache anders! Die entspannteste Szene-Kneipe des Stadtteils Kallio: das *Sirdie*. Jukebox, 100% finnischer Style, einheimisches Klientel *(Kolmas linja 21)*. Ausgefallener wird's im *Juttutupa*: Hier werden die Drinks im alten Granitschloss serviert. Immer mittwochs gibt's den legendären *rytmihäiriöklubi* – den „Rhythmusstörungsklub" mit angesagter Livemusik *(Säästöpankinranta 6, www.juttutupa.com)*.

## ▶▶ KUNST ZUM KAUFEN

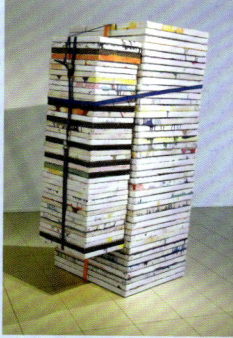

### Die Art & Design-Szene boomt

In Sachen Kunst und Design sind die Finnen momentan nicht aufzuhalten, die Ladengalerien schießen in Helsinki wie Pilze aus dem Boden. Ein tolles Schmuck- und Kleiderangebot bekannter Designer zum Ansehen und Kaufen gibt's bei *Myymälä 2 (Uudenmaankatu 23, www.myymala2.com)*. Nur wenige Häuser weiter präsentiert und verkauft die *Galerie Jangva* Malerei und Installationen *(Uudenmaankatu 4-6, www.jangva.fi*, Foto). Auf das Konzept „All in one" setzt *Skanno*: Von Innendesign bis Blumenschmuck gibt's in Shop und Kunstgalerie, die gleichzeitig auch Restaurant und Buchladen sind, einfach alles *(Porkkalankatu 13 G, www.skanno.fi)*.

## ▶▶ KARAOKE HOCH ZWEI

### Singspaß für zukünftige Stars

Karaoke ist ein absolutes Muss, und das nicht nur für Badezimmer-Sänger, sondern auch für potenzielle Stars von morgen! Rockmusikbegeisterte Fans des spontanen Auftritts treffen sich im *Hevimesta* zu Karaoke von Metal- und Rock-Songs *(Torikatu 11, Oulu, www.hevimesta.com)*. Wer sich schon auf dem Weg in die Clubs kaum zurückhalten kann, mietet sich in Helsinki einfach ein Karaoke-Taxi – zu den absoluten Hits gehören natürlich besonders die Songs der finnischen Charts *(Tel. 040/500 60 70, www.karaoketaxi.fi)*.

## ARCHITEKTUR

Die Natur ist der Lehrmeister: Ihre
Formsprache und Materialien bestimmen das Aussehen der bebauten
Landschaft. Das gilt für Architekten
der Nationalromantik wie Eliel Saarinen (1873–1950) ebenso wie für Alvar Aalto (1898–1976), den Meister
des organischen Baustils, oder für ihre
Nachfolger wie Raili und Reima Pie-
tilä (Kalevala-Kirche und Bibliothek,
Tampere) oder Juha Leiviskä (Deutsche Botschaft Helsinki, Kirchen in
Vantaa-Myyrmäki und Oulu). Bauen
ist für finnische Architekten eine
ganzheitliche Herausforderung – wes-
halb viele von ihnen auch Möbel oder
Gebrauchsgegenstände entwerfen.

## BILDUNG

Bildung und Erziehung werden in
Finnland als komplexe Aufgabe ver-

Bild: Typisch finnische Saunahütte

# STICH WORTE

standen. Das beginnt mit der familienfreundlichen Bereitstellung von Krippen- und Hortplätzen, umfasst vorschulische Förderung und zieht sich durch die gesamte Schullaufbahn. Der Schultag dauert länger, es gibt Mittagessen, man kann Schularbeiten erledigen und AGs besuchen. Neben Lern- und Wissensfächern haben sportliche Aktivitäten ebenso wie musischer und künstlerischer Ausdruck einen hohen Stellenwert.

Besondere Förderung erhalten sowohl Hochbegabte wie auch Kinder mit Lern- oder sozialen Defiziten. Dabei ist Integration, nicht Separation das Leitmotiv. Eigenmotivation und Selbstverantwortung werden intensiv gefördert. „Keiner darf zurückbleiben", lautet das Motto. Seit das Land mehrfach als Sieger der Pisa-Studien glänzen konnte, wird das finnische Bildungsmodell als weltweit vorbildhaft angesehen.

# DESIGN

Schlichte Eleganz, die praktikabel ist oder: Warum soll ein nützlicher Gegenstand nicht auch schön sein? Es gilt, gerade die Dinge des täglichen Bedarfs zu adeln. Finnisches Design kommt mit hohem Anspruch, aber mit erstaunlicher Leichtigkeit daher, ehrlich und ungekünstelt. Die klare, organische Formgebung beansprucht zeitlose Gültigkeit, ohne dabei die funktionelle Bestimmung zu verlieren. Finnische Designer wie Harri Koskinen, Kati Tuominen oder Kirsti Doukas nehmen sich die Freiheit, Natur- und Kunstmaterialien in Harmonie, gleichwohl mit Spannung zu kombinieren. Dabei darf es auch bunt zugehen. Die Resultate können Finnlandbesucher in Form von Glas, Geschirr, Textilien, Holzkunst oder Schmuck nach Hause tragen.

# ELCH

Finnlandurlauber bemerken ihn schon auf der Fähre – als Aufkleber auf zahlreichen Autohecks. Das imposante Tier mit einer Schulterhöhe von knapp 2 m ist das Symboltier der nordischen Länder. Auf Finnlands Straßen sind überall die rotgelben Warnschilder „Vorsicht Elch!" zu sehen. Man sollte sie als Autofahrer ernst nehmen. Besonders morgens und während der Dämmerung zeigen sich die mächtigen, bis zu 600 kg schweren Tiere, wenn sie ihren Standort wechseln: ein beeindruckendes Erlebnis. In den Weiten des Landes vermehren sich die Elche prächtig, sodass zur Erhaltung des Ökosystems jedes Jahr eine beträchtliche, aber genau festgelegte An-

zahl zum Abschuss frei gegeben wird. Gut 50 000 Exemplaren geht es dann ans Leder.

# FRAUEN

Finnische Frauen sind im europäischen Vergleich sehr gut ausgebildet, selbstbewusst und durchsetzungsfähig. Es gibt kein Amt, das ihnen nicht grundsätzlich offen stünde. Vielleicht liegt das ja an der langen Tradition politischer Teilhabe. 1906 erhielten die Finninnen als erste Frauen in Europa das aktive und passive Wahlrecht. Der Frauenanteil im Parlament und in den Parteien liegt weit höher als etwa in Deutschland. Die Staatspräsidentin ist eine Frau, ebenso ist die Ministerriege der derzeitigen Regierung mehrheitlich weiblich. Diskriminierung im gesellschaftlichen Alltag ist absolut verpönt. Nur in den Toppositionen der Wirtschaft sind Frauen noch rar. Im privaten Bereich wiederum tun sich die Ehemänner und Väter noch schwer mit ihrer eigenen Emanzipation.

# JEDERMANNSRECHT

Dieses Recht gilt – wie der Name sagt – nicht nur für Finnen, sondern für jeden. Es ist ein Gewohnheitsrecht, das alle nordischen Länder kennen, und regelt das Leben des Menschen in der Wildnis. Demnach darf jedermann: für den eigenen Bedarf Blumen, Beeren und Pilze pflücken und vorübergehend auf freiem Grund zelten (sofern er den Abstand zum nächsten Haus einhält). Was verboten ist: Höfe, Felder und Wiesen betreten, wenn sie dabei beschädigt werden könnten; Tiere stören; auf dem Besitz eines anderen Feuer machen; Abfall hinterlassen; die Umwelt schädigen.

## KALEVALA

*Kalevala* heißt das Nationalepos der Finnen. Elias Lönnrot (1802–1884) sammelte auf vielen Fußmärschen durch Karelien Tausende von Verszeilen. Über Generationen haben die Sänger alte Begebenheiten und Volkssagen weitergegeben. Alles war aber nur mündlich überliefert, bis Lönnrot es aufschrieb und daraus ein einheitliches Werk formte – eine ganz besondere Art von Kulturgeschichte. Das *Kalevala* ist bis heute lebendig. Es stellt die Wurzel des finnischen Geschichtsbewusstseins dar und ist das erste Stück Literatur in finnischer Sprache.

## MUSIK

Von Klassik über Tango, Rock und Jazz bis zum Humppa, jener wilden Mischung aus Punk und Polka, Volksmusik und Pop, reicht die Bandbreite finnischer Musik. Über allem steht der Name von Jean Sibelius (1865–1957). Der Komponist verstand es wie kein Zweiter, die Stimmungen der finnischen Natur in einer eigenen Musiksprache zu erzählen, so im berühmten und schwermütigen „Valse Triste". Ebenso repräsentativ für typisch finnische Musik, wenn auch ein völlig anderer Stil, sind die Leningrad Cowboys, die sich selbst als „The World´s Worst Rock-n-Roll-Band" bezeichnen. Außerdem berühmt sind:

die Band HIM mit Sänger Ville Valo für traurige Balladen zwischen Rock und Grunge; die Band Apocalyptica für ihre Heavy-Metal-Stücke auf ver-

Wo funktionale Schönheit zu Hause ist: das Design-Museum in Helsinki

stärkten Cellos; The Rasmus für festivaltauglichen Rock und die Hardrocker Lordi für schräge Outfits beim Eurovision Song Contest. Musik aus Finnland ist im Kommen: Sogar die finnisch singende Humppa-Gruppe Eläkeläiset hat eine große europäische Anhängerschaft. Und: Da liegen noch viel mehr gute Acts in Lauerstellung am Ostseestrand.

# NOKIA

Wenn ein Finne Mitte des 20. Jhs. nach seinen „Nokias" suchte, dann wollte er nicht telefonieren, sondern seine Gummistiefel anziehen. Das Unternehmen Nokia, gegründet 1865, hat eine echte Erfolgsgeschichte hinter sich. Als Produzent von Gegenständen wie Papier oder Stiefeln begann die Firma einst. Und entwickelte sich zum Weltmarktführer der Mobilkommunikation. Bald jeder zweite Telefonmobilist weltweit presst ein Nokia ans Ohr. So mancher deutsche Nutzer wollte sein finnisches Handy 2008 allerdings vor Wut in die Tonne befördern. Grund war die angekündigte Schließung des Bochumer Nokia-Werks – allen Gewinnspannen zum Trotz. Das Wort vom Heuschreckenkapitalismus machte die Ruhe – und das Image des Global Player war kräftig angekratzt.

# POLITIK

In der *eduskunta*, dem Reichstag der Republik Finnland, sitzen 200 Abgeordnete. Die Parlamentarier wurden 2007 für eine Legislaturperiode von vier Jahren neu gewählt. Wahlsieger wurde die Zentrumspartei (51 Sitze) knapp vor der nationalen Sammlungspartei (50 Sitze). Zusammen mit den Grünen (15 Sitze) und der Schwedischen Volkspartei (10 Sitze) stellen sie die Regierung. Ministerpräsident ist der Zentrumspolitiker Matti Vanhanen. Stärkste Oppositionskraft sind die Sozialdemokraten (45 Sitze). Erste Frau im Staat ist seit 1999 Staatspräsidentin Tarja Halonen. Anders als in Deutschland wird das Staatsoberhaupt in direkter Wahl vom Volk bestimmt.

# SÁMI

Die *sámi* („Lappen") gelten als Urbevölkerung auf finnischem Territorium. Im Laufe der Jahrhunderte – Finnland erlebte mehrere Einwanderungswellen – wurden sie in ihrem Lebensraum immer mehr in den Norden abgedrängt. Heute bezeichnen sich rund 6000 Menschen als *sámi* und leben sesshaft oder als Halbnomaden in Lappland. Lange galten die *sámi* als Menschen zweiter Klasse, ihre Sprache und Kultur wurden gering geschätzt. Doch die Zeiten ändern sich. *Sámi* streiten wie andere indigene Völker für ihre politischen, kulturellen und wirtschaftlichen Rechte. Auch ihre bunte Nationaltracht tragen die jungen *sámi* wieder mit Stolz.

# SAUNA

Ist ein Leben ohne Sauna für die Finnen denkbar? Man mag es bezweifeln bei weit über einer Million dieser heißen Kisten in *Suomi*. Früher war die Sauna der hygienischste Platz, Ort für Geburten und Aufbahrungsstätte für die Toten. Wahrlich also ein zentraler Ort im Lebenslauf. Heute scheint selbst in der kleinsten städtischen Singlewohnung noch Platz dafür zu sein. Und dann erst eine Saunahütte am See… Was kann es Schöneres geben, als bei 80–90 Grad zu schwitzen, zur Reinigung von Körper, Geist und Seele, schlicht zur Steigerung des Wohlbefindens. Und Regeln? Da gibt es nur eine: Mach nur das, wobei du dich wohl fühlst! Wenn es dir zu heiß wird, setz dich tiefer. Wenn du nicht mehr magst, geh' raus. Wenn du genug hast, bist du halt fertig. Übrigens: Außer im engen Familien- und Freundeskreis wird meist getrennt nach Geschlecht sauniert. Wenn Sie in Finnland privat in die Sauna eingeladen werden, seien Sie stolz – es ist ein Zeichen besonderer Gastfreundschaft *(Infos unter: www.sauna.fi)*.

chen am Ufer eines Sees, Sommer und Sonne eine zentrale Rolle spielen (nebst Bootssteg, Angel, Grill und Sauna). Wenn Wochenenden oder die Sommerferien nahen, wollen alle in die Natur, aufs Land. Und fast jeder hat Zugriff auf ein Sommerhäuschen, sei es auf das eigene oder einen alten Familienbesitz – oder man mietet eine Hütte. *Mökki,*

Saunieren ist auch für die Kleinen ein großer Spaß

## SOMMERHAUS

Die eigene kleine Hütte am See ist mehr als bloß ein Feriendomizil aus Holz: Hier finden nicht nur Finnen das Glück im einfachen Leben. *Mökki* heißt die Hütte: ein Zauberwort, das Bilder von Erholung, Natur und Ferien im Kopf aufkommen lässt. Es entsteht eine bunte Welt, in der garantiert ein einfaches Häus-

das ist der finnischen Familie liebster Ort, um einen unbeschwerten Sommer zu genießen. Was ist schöner als überm Feuer zu grillen, im Wald etwas Holz schlagen, angeln, Boot fahren auf dem See, abends auf der Veranda mit Freunden *olut* (Bier) trinken. Probieren Sie es auch einmal: Nach ein paar Tagen im Sommerhäuschen fällt aller Stress von Ihnen ab. Sie werden sich prächtig erholen.

# EINMAL IM JAHR IST MITTSOMMER

Finnen genießen und feiern gern – einen Anlass dazu gibt es immer

> Auf zum Tangotanzen nach Seinäjoki, zum Filmegucken nach Sodankylä und zur Chorprobe nach Vaasa: Ausführliche Informationen zu diesen und anderen Events unter: *www.festivals.fi*

### FEIERTAGE

**1. Jan.** *uusi vuosi* Neujahr; **6. Jan.** *loppiainen* Dreikönigstag/Weihnachten der russisch-orthodoxen Kirche; *pitkäperjantai* Karfreitag, *pääsiäinen* Ostersonntag/Ostermontag; **1. Mai** *vappu* Maifeiertag, Tag der Arbeit/Studentenfest; *helatorstai* Himmelfahrt; *helluntai* Pfingstsonntag; **Fr und Sa nach dem 20. Juni** *juhannus* Mittsommerfest; **Sa nach dem 1. Nov.** *pyhäinpäivä* Allerheiligen; **6. Dez.** *itsenäisyyspäivä* Unabhängigkeitstag; **24.–26. Dez.** *joulu* Hl. Abend/Weihnachten

### FESTE UND VERANSTALTUNGEN

**Februar/März**
*Musica nova* (Helsinki): Eines der bedeutendsten europäischen Festivals für Gegenwartsmusik. *www.musicanova.fi*

(Ende Feb./Anfang März)
*Musikfestspiele Oulu:* Klassik im winterlichen Norden, *www.oulunmusiikkijuhlat.fi* (März)

**April**
*April Jazz Espoo:* Eine Woche lang Hochstimmung beim Auftritt von internationalen Jazzgrößen, *www.apriljazz.fi*

**Mai**
*Chorfestival Vaasa:* Finnische Chöre, von Barbershop bis Opergesang,
*www.vaasa.fi/choirfestival*

**Juni**
*Internat. Tanzfestival Kuopio:* im Saal oder auf der Freilichtbühne, Klassik oder Avantgarde – alles dreht sich,
*www.kuopiodancefestival.fi*
*Avanti!-Sommerklänge:* Kammermusik und Liederabende in Porvoo.
*www.avantimusic.fi*
*Nördlichstes Filmfestival der Welt:* Retrospektiven und neue Filmkunst in Sodankylä, *www.msfilmfestival.fi*
Insider Tipp

**Aktuelle Events weltweit auf www.marcopolo.de/events**

# > EVENTS
# FESTE & MEHR

⭐ *Mittsommerfest:* landesweite Party, mit Sonnenwendfeuer, Tanz im Freien, alten Juhannusbräuchen. In Helsinki feiert man auf der Insel Seurasaari.

### Juli

*Tangofestival Seinäjoki:* In der Hauptstadt der sentimentalen Schwermut wählt das Volk sein Königspaar und erobert die Straßen im Tanz, *www. tangomarkkinat.fi*

*insider Tipp*

*Kaustinen Folk Music Festival:* Größtes und ältestes Fest für Folkmusik im Norden, *www.kaustinen.net*

*Pori Jazz:* 15.000 Jazzfreunde erleben Künstler von Weltruf. *www.porijazz.fi*

### Ende Juli/Anfang August

⭐ *Savonlinna Opernfestspiele:* Das Publikum erlebt Aufführungen der Spitzenklasse in herrlicher Burgkulisse, *www.operafestival.fi*

### August

*Internat. Theaterfestival Tampere:* Theaterprofis in ungewöhnlichen Spielstätten. *www.teatterikesa.fi*

*Helsinki Festwochen:* dreiwöch ger Event für alle Sinne. Viele Veranstaltungen sind gratis. Highlight ist die Nacht der Künste. *www.helsinkifestival.fi*

*Ruisrock (Turku):* ein Muss für Finnlands Rockfans, *www.ruisrock.fi*

### September

*Sibeliusfestival Lahti:* Kleine Kcnzertreihe, die ganz dem Meister gewidmet ist. *www.sinfonialahti.fi*

### Oktober

*Internat. Pianowochen und ChorEspoo:* bunte Klangwelten. *www.pianoespoo.fi*

### November

*Tampere Jazz Happening:* Draußen cool, innen hot. Freejazz, Rock und Weltmusik, *www.tampere.fi/jazz*

### Dezember

Weihnachtsmärkte in Helsinki: *Thomas-Markt* (Esplanadenpark), *Frauen-Basar* (in Wanha Satama), *Kunsthandwerksmarkt* (im Alten Studentenhaus). *www.hel.fi*

## > DIE NATUR TISCHT AUF

Pure Naturgenüsse gibt es in Finnland zuhauf.
Warum soll man mühevoll züchten, wenn so vieles wild gedeiht?

**> Die ursprüngliche finnische Küche besticht durch einfache, aber doch raffinierte Gerichte. Sie variiert je nach Jahreszeit und Region, denn frisch sollen die Zutaten sein, aus den heimischen Wäldern, Feldern und Seen stammen.**

So kommen Karotten, Kartoffeln, Rote Bete auf den Tisch, viel Fisch, Fleisch von Rentier und Elch bis Geflügel, Pilze und herrlich aromatische Beeren. Nicht zu vergessen Quark, Joghurt und Käse sowie eine große Auswahl an Brot und Backwaren. Während im Westen Finnlands auf dem Speisezettel traditionell Gekochtes und Gedünstetes steht, wird im Osten eher gebraten und gebacken. Überall aber lieben die Finnen Vermischtes: Eintöpfe, Pasteten, Suppen und Aufläufe werden zu Hause auch an Festtagen gegessen. Am besten erkundet man die finnische Küche bei einem Marktbesuch. Oder man gönt sich ein finnisches Büfett *(pitopöytä)*.

Bild: Gedünsteter Lachs mit Kartoffeln und Dill – eine skandinavische Spezialität

# ESSEN & TRINKEN

### FISCH

Ein Land am Meer, ein unendlicher Seenreichtum – beste Voraussetzungen für Fangfrisches von der Angel und aus dem Netz. Lachs und Lachsforelle sind besonders begehrt, ob frisch zubereitet, gegrillt, geräuchert oder gebeizt. Zander, Hecht, Äsche und Barsch bevölkern nicht nur Seen und Flüsse, sondern auch die Wochenmärkte und Speisekarten der Restaurants. Als Delikatesse gelten Fischrogen und Flusskrebse. Ebenfalls im Angebot: *Silakka,* der Ostseehering (Strömling), hat die Küstenregionen für sich erobert, *muikku,* die Kleine Maräne, ist gefragte Spezialität in Seenfinnland.

### FLEISCH

Wer Landestypisches sucht, probiert lokale Spezialitäten: den karelischen Fleischtopf *karjalanpaisti* oder südkarelisches *särä,* ein im Holztrog ge-

backenes Ofengericht aus Lamm-
fleisch und Kartoffeln, oder einfach
eine leckere Fleischpirogge. Die Pi-
rogge ist ein ursprünglich russisches
Gericht, das wie Bortsch oder
Schaschlik Einzug in die finnische
Küche gehalten hat. Es handelt sich
um eine Pastete aus Teig mit Fleisch,
Kohl, Speck und weiteren Zutaten.

Nicht alltäglich sind Wildgerichte:
Rentier *(poro)* und Elch *(hirvi)* werden meist in traditionellen Restaurants
serviert. Die russisch beeinflusste Küche wagt sich an *karhu*, Bär, heran.
Das alles gibt es dann auch als Salami
oder Schinken zum Mitnehmen nach
Hause, zu kaufen beispielsweise in
den Markthallen Helsinkis.

# > SPEZIALITÄTEN
### Genießen Sie die typisch finnische Küche!

*Graavi lohi* – gebeizter Lachs mit viel
frischem Dill. Die Köstlichkeit ist
praktisch auf jedem Büfett zu finden
*Kalakukko* – kleine Barsche oder
Maränen *(muikku)*, mit Schweinefleisch
und/oder Speck im Brotteig gebacken
Kalakukko gilt als „erste Konserve",
die sich die Waldarbeiter für ein paar
Tage als Verpflegung mitnehmen
*Kala paperissa* – Fisch in gebuttertes
Pergamentpapier gehüllt und langsam
über Glut gegart
*Karjalanpaisti* – Karelischer Fleisch-
topf mit Rind, Hammel und Schwein

*Karjalanpiirakat* – Karelische
Piroggen. Gebackene Roggenteigta-
schen gefüllt mit Kartoffeln *(peruna)*
oder Reis *(riisi)*, mit Eibutter bestrichen

*Kesäkeitto* – Sommersuppe aus Milch,
frischem Gemüse und frischen Kräutern
*Kiisseli* – erfrischende Fruchtkaltschale
als Nachtisch
*Kotikalja* – aus Wasser, Malz, Zucker
und Hefe hausgebrautes „Bier"; kaum
Alkohol, oft auf Büfetts angeboten
*Lenkkimakkara* – Fleischwurst im
Ring. Ohne sie kann kein Finne sein. Man
kann sie auch in die Sauna mitnehmen
und dort während des Schwitzens garen
*Liekki lohi* – Flammlachs. Der ganze
Fisch wird aufgeklappt, entgrätet, auf
ein Brett genagelt und aufrecht am
Feuer gegrillt
*Lohikeitto* – Lachssuppe, mit Milch,
Kartoffeln und Dill zubereitet (Foto)
*Mäti* – Fischrogen, vor allem von
Aalquappe oder Aalraupe *(made)* und
Renke/Felchen *(siika)*. Wird mit gehack-
ten Zwiebeln, Sauerrahm und Pellkartof-
feln gegessen
*Marjaviini/Marjalikööri* – süß bis
herb: wunderbar fruchtige Weine und
Liköre aus heimischen Beeren
*Poronkäristys* – Rentierfleisch ge-
schnetzelt und sautiert, in der Regel mit
Kartoffelpüree und Preiselbeeren berei-
tet. Auch außerhalb der Rensaison (in
den Wintermonaten) erhältlich

## SÜSSES

Kuchen und Nachspeisen sind in Finnland genauso lecker wie Bonbons, Schokolade (am liebsten von *Fazer*) und Eis. Typisch zum Kaffee – dem finnischen Nationalgetränk, milder geröstet und schmackhafter als hierzulande – genießt man Hefegebäck mit Kardamom *(pulla)* und *munkki*, die an Berliner erinnern. Oder man gönnt sich ein Stück Kuchen mit Erdbeeren *(mansikka)* oder Blaubeeren *(mustikka)*. Überhaupt Beeren: Pflücken Sie sich Ihr Dessert doch selbst auf einer der Beerenfarmen – oder direkt im Wald. Das schmeckt noch richtig nach Frucht. Als Nachtisch unbedingt zu empfehlen: heißer, gebackener Labkäse mit Multebeeren aus dem hohen Norden.

## GETRÄNKE

Zum Essen und im Familienkreis dominieren eher nicht alkoholische Getränke wie Tafelwasser, das Malzgetränk *kotikalja*, Saft (oft aus Fruchtsirup), Limonade und Cola.

Das Verhältnis der Finnen zum Alkohol ist bestimmt durch den Wechsel von Kälte und Wärme, Helligkeit und Dunkelheit im Jahr – und durch das jahrzehntelange Monopol des staatlichen Alko-Konzerns, mit kompensatorisch lebhafter Schwarzbrennerei auf dem Lande. Inzwischen ist das Schankrecht gelockert, die Preise für Alkohol werden erträglicher. Es gibt qualitativ gutes helles Bier und *siideri* (Apfelwein). Spezialitäten sind die köstlichen Beerenweine von Johannis-, Erd-, Preisel- und Blaubeeren bis hin zum aus Multebeeren hergestellten Lakka-Likör und zum Koskenkorva-Wodka.

Picknick auf echt Finnisch: alles, was Wälder, Flüsse und Seen bieten

## RESTAURANTS

Die Bandbreite an Restaurants ist v. a. in Helsinki und den bedeutenderen Städten des Landes groß. Traditionell finnische Küche brutzelt hier neben russischer und internationaler Gourmetküche. Italiener wechseln sich mit Tapas- und Sushibars ab. Es gibt keine festen Ruhetage. Und auch die Öffnungszeiten sind von Lokal zu Lokal sehr unterschiedlich. Man findet reine Mittagsrestaurants, die nur bis etwa 18 Uhr geöffnet sind. Die meisten Restaurants servieren aber auch abends. Viele Lokale bieten zu günstigen Preisen einen Mittagstisch *(lounas)* an, der nicht weniger köstlich ist als die preislich gehobenere Abendvariante. Oft kann man sich dabei vom reich bestückten Büfett bedienen.

# ÄSTHETISCH UND FUNKTIONAL

Bringen Sie ein Stück Finnland mit nach Hause zurück

> Die Klarheit, die finnisches Design ausstrahlt, ist bestechend. Die schnörkellose Linienführung, die Symbiose von Form, Farbe und Material werden Sie an die finnische Landschaft erinnern, an die spiegelblanken Seen, die schlanken Birken, das helle Licht. Finnisches Design – ob Mode oder Saunaartikel – ist immer als Gebrauchsgegenstand konzipiert: in hohem Maß ästhetisch, aber auch praktisch und funktional. Zweites beliebtes Mitbringsel sind typisch finnische Speisen und Getränke – mit Räucherlachs und Beerenwein nehmen Sie ein Stück Finnland mit nach Hause.

## HOLZWAREN

Gute handgearbeitete Holzwaren bekommen Sie vor allem im Norden: gedrechselte Schüsseln und Schalen für Obst und Brot oder die aus einem Stück geschnittenen *kuksa*-Tassen. Toll für die Küche daheim sind die scharfen Finnenmesser (*puukko*) mit der leicht hochgebogenen Klinge und Holzgriffen (zum Beispiel von *Marttiini | Aleksanterinkatu 28, Helsinki | www.marttiini.fi*). Schönen Holzschmuck und Tischdekos finden Sie bei *Aarikka (Shop: Pohjois-esplanadi 27, Helsinki | www.aarikka.fi*).

## KUNSTHANDWER

Eine Schamanentrommel werden Sie nicht gerade mit nach Hause bringen. Aber wie wäre es mit einem Rentierfell (die neigen zum Haarausfall, machen Sie also die „Zugprobe") für Ihr Heim, mit perlenbesetzten bunten Gürteln, Ketten und Taschen, aus Rentierhorn geschnitztem Schmuck? Sehr traditionelles Kunsthandwerk finden Sie in der samischen Kultur, das Zeichen *sámi duodji* garantiert originale Arbeiten. Infos: *Sami Duodji | Inarintie 51, Inari | www. samediggi.fi/vanha/oktavuohta/en*

## KULINARISCHES

Rentier- oder Elchschinken, Räucher- oder Gravlachs, Fischrogen und -marinaden (vor allem von *muikku* und *silakka*), Beerenwein oder -marmelade holen Finnland nach Hause. Solche Köstlichkei-

# > EINKAUFEN

ten kaufen Sie am besten auf dem Markt (schöne Markthallen gibt es in Helsinki am Südhafen und in Hakaniemi, außerdem in Turku und Kuopio). Unter *www.viinitilat.net* finden Sie Beerenweingüter im ganzen Land. Naschkatzen machen einen Abstecher ins Schokoladen-Café von *Fazer (Kluuvikatu 3, Helsinki)*.

## MODE

Stoffe und Kleidung aus Finnland sind mit *Marimekko* bekannt geworden, der Marke mit den farbenfrohen Mustern, Streifen und Blüten. Fast alle großen Modedesignerinnen haben einmal für Marimekko gearbeitet (Shop: *Pohjoisesplanadi 2, Helsinki | www.marimekko.com*). Für junge finnische Mode steht neben vielen anderen das Kult-Modelabel *Ivana Helsinki* (Shop: *Uudenmaankatu 15, Helsinki | www.ivanahelsinki.com*. Filzkunst ist in Finnland zu künstlerischer Hochform entwickelt. Dichtgewebte und wunderschöne Filzprodukte gibt es etwa bei *Felt Faction* in *Orimattila (www.feltfaction.fi)*.

## PORZELLAN

Ob *Timo Sarpaneva* (bekannt durch Rosenthal) oder *Kati Tuominen* – die Formensprache für Geschirr, Gebrauchskeramik und Objekte ist vielfältig. Für die Manufaktur *Arabia* haben die meisten bekannten Designer gearbeitet. *Fabrikverkauf und Museum im Arabiakeskus | Hämeentie 135, Helsinki | www.arabia.fi*

## SAUNA

Die Sauna ist finnisch – wo also könnte man besser Zubehör dafür einkaufen? Saunatücher, -mäntel und -mützen gehören ebenso dazu wie Holzzuber und Schöpfkellen. Aufgussessenzen mit dem Duft nach Birke, Teer oder Rauchsauna sind ein Souvenir, das Sie bei jedem Schwitzgang an Ihre Finnlandreise erinnern wird. Saunahonig, Birkenshampoo und Teerseife haben den gleichen duftenden Effekt. Eine Fundgrube ist der *Saunamarket* in Helsinki *(Aleksanterinkatu 26–28)*. Hier gibt es auch die Luxus-Frottiers von *Jokipiin Pellava (www.jokipiinpellava.fi)*.

# > AUF ZUR „TOCHTER DER OSTSEE"

**Die Hauptstadt Helsinki ist für die Finnen das Tor zur Welt –
und für Besucher das Tor zu Finnland**

 **KARTE IN DER HINTEREN
UMSCHLAGKLAPPE**

**> Direkt am Wasser liegt sie, die Hauptstadt Finnlands, mit Hunderten vorgelagerter Inseln und Schären. Helsinki ist gleichzeitig Metropole mit 590 000 Einwohnern, junge, lebendige und weltoffene Stadt – und doch überschaubar, charmant und liebenswert.**

Helsinki ist Universitäts- und Verwaltungsstadt ebenso wie Hightechmetropole. Jeder Stadtteil hat sein eigenes Gepräge, ob Jugendstil in Eira und Katajanokka oder Arbeiterkultur in Kallio. Helsinki bietet prunkvolle Fassaden im Zentrum ebenso wie Seefahrtgeschichte und Fabrikmilieu am Nordhafen, Holzhäuser in Vallila oder dem adretten Puu-Käpylä ebenso wie die neuen Außenbezirke mit moderner Architektur. Dabei wächst die Hauptstadt weiter, ist ständig in Veränderung – alte Stadtteile wandeln sich, neue entstehen.

Bild: Straßenkreuzer-Parade vor dem Rathaus von Helsinki

# HELSINKI

Im Zentrum ist  *Kamppikeskus* mit Shoppingzentrum und unterirdischem Busbahnhof eines der aktuell vollendeten Großprojekte, der neue Industriehafen in Vuosaari steht in der Entwicklung. Und mit dem Wandel lebt auch die Szene: Neue Restaurants, Pubs und Clubs, Szenetreffs und In-Lokale, schräge Designshops finden ihr Publikum.

Mehr als 60 Museen und Sammlungen nennt Helsinki sein Eigen. Das Spektrum reicht von Kunst und Design bis zu Technik und Geschichte. Multifunktionshäuser sind *Lasipalatsi*, Film- und Medienzentrum in funktionalistischem Bau mit Filmstudios, Internetbibliothek, Kino, Cafés und gutem Restaurant *(Mannerheimintie 22–24 | www.lasipalatsi.fi)*, *Tennispalatsi* mit Museen und Multiplexkino *(Salomonkatu)* sowie *Kaapelitehdas (Tallberginkatu, Stadtteil Ruoholahti)*, die ehemalige Kabelfabrik von Nokia, heute Europas größtes freies Kulturzentrum. Drei Museen sind hier ebenso zu Hause wie Galerien, Tanztheater, Musikstudios, Sportclubs, Kunstschulen, Café und Restaurant – die Location für Festivals und angesagte Konzerte *(www.kaapelitehdas.fi)*.

Oper und Olympiaturm, durch Shoppingmeile und Designdistrikt. Angeboten werden natürlich auch Sightseeingtouren mit dem Bus *(Audiosightseeing in 12 Sprachen ab Esplanadi/Fabianinkatu und Katajanokka-Terminal, live in Englisch ab Fähranleger Olympiakai)*. Beson-

Eine besondere Atmosphäre herrscht in der archaischen Felsenkirche

Es gibt viele Möglichkeiten, Helsinki zu erkunden. Das überschaubare Zentrum lässt sich bequem zu Fuß erwandern. Eine ungewöhnliche, aber empfehlenswerte Variante, die Stadt kennen zu lernen, ist die knapp einstündige ⭐ Rundfahrt mit der Straßenbahnlinie 3T *(normales Ticket, Begleitheft bei den Verkehrsbetrieben)* vorbei an allem Sehenswerten im Herzen Helsinkis: an Brunnenpark und Töölö-Bucht, an Jugendstilfassaden,

ders schön: Helsinki vom Wasser aus. Die Schiffe starten am Südhafen, lassen Inseln und Schären im Sonnenlicht vorüberziehen oder gehen auf größere Tour weiter an der Küste entlang bis hinauf nach Porvoo.

## ◼ SEHENSWERTES

### ATENEUM                          [U C4]

Das älteste Kunstmuseum Finnlands zeigt Malerei und Plastik vom 18. Jh. bis in die 1960er-Jahre. Besonders interessant: finnische Meisterwerke des Goldenen Zeitalters um 1900 (Albert Edelfelt, Akseli Gallen-Kallela, Hugo Simberg). *Kaivokatu 2 (am Bahnhofplatz) | Di/Fr 9–18, Mi/Do 9–20, Sa/So 11–17 Uhr | www.ateneum.fi*

### BAHNHOF (RAUTATIEASEMA) 🔊 [U C3]

Zeitlos schönes Architekturbeispiel des späten finnischen Jugendstils (1916). Hauptwerk von Eliel Saarinen, der Professor an der Kunstgewerbeschule Düsseldorf war. Blickfang sind die riesigen Lampenträger.

### BRUNNENPARK (KAIVOPUISTO) ☼ [U D–E6]

Am Fuß des hügeligen Parkgeländes liegt das Botschaftsviertel. Die vielen Jugendstilvillen sind Meisterwerke finnischer Architekten. Von den Felsen auf dem Hügel haben Sie eine prächtige Aussicht auf die Inseln vor Helsinki und mehrere kleine Bootshäfen. Am Uferweg sehen Sie, typisch finnisch, eine traditionelle **Teppichwaschanlage**, fest gezimmerte Tische auf Stegen ins Wasser gebaut. Dort schrubben oft Familien mit Wurzelbürste und Kernseife ihre Flickenteppiche. Im Sommer wird der Park zur Bühne für Openairkonzerte und auf dem großen Rasen wird gepicknickt. Gönnen Sie sich eine Rast im berühmten ☼ Café Ursula an der Uferpromenade.

*Insider Tipp*

### DESIGN FORUM FINLAND [U C3] *Insider Tipp*

Formschön, funktional, qualitativ hochwertig: Dinge, die den Alltag adeln. Hier wird gezeigt, was finnisches Design ausmacht. *Erottajankatu 7 | Mo–Fr 10–19, Sa 10–18, So 12–18 Uhr | www.designforum.fi*

### ESPLANADI ⭐ 🔊 [U C–D4]

Der schmale Park zwischen der Prachteinkaufsstraße *Pohjoisesplanadi* (Nordesplanade) und ihrer Schwester *Eteläesplanadi* (Südesplanade) ist Flaniermeile und Treffpunkt v.a. für junge Leute. In der Umgebung gibt es jede Menge In-Lokale und Cafés.

### FELSENKIRCHE (TEMPPELIAUKION KIRKKO) ⭐ [U B3]

Die Kirche liegt ein wenig abseits vom Zentrum im Stadtteil Töölö. In

# MARCO POLO HIGHLIGHTS

⭐ **Rundfahrt mit der 3T**
Eine Stadtrundfahrt mit deutschem Erklärungsheft (Seite 32)

⭐ **Esplanadi**
Die Prachtstraße Helsinkis mit vielen Cafés (Seite 33)

⭐ **Felsenkirche**
In den nackten Fels gesprengter Kirchenraum (Seite 33)

⭐ **Marktplatz (Kauppatori)**
Finnland, seine Menschen und seine typischen Produkte (Seite 34)

⭐ **Senatsplatz mit Dom**
Klassizistische Gebäude umfassen einen der schönsten Plätze Europas (Seite 35)

⭐ **Suomenlinna**
Geschichtsträchtige Festungsinseln (Seite 36)

einen Felsenhügel wurde von oben her ein Raum gesprengt und mit einer Kuppel aus Glas und Kupfer gedeckt. Die Wände blieben nackter Fels. Der archaische Raum strahlt große Ruhe aus und ist ideal für eine meditative Pause oder einen Konzertbesuch. Die Architekten Timo und Tuomo Suomalainen haben die Kirche 1969 vollendet. *Lutherinkatu 3*

## FINLANDIA-HALLE (FINLANDIATALO) [U B3]

Die Konzert- und Kongresshalle am südlichen Ufer der Töölö-Bucht ist ein Werk Alvar Aaltos. Sie wurde 1971–1975 aus weißem Marmor errichtet. Die zwei Konzertsäle (ca. 2000 Plätze) bieten eine hervorragende Akustik. *Mannerheimintie 13*

## FINNISCHES NATIONALMUSEUM (KANSALLISMUSEO) [U B3]

Finnische Geschichte von der Steinzeit bis zur Gegenwart. Archäologische Funde und ethnologische Zusammenhänge, untergebracht im imposanten nationalromantischen Bau. *Mannerheimintie 34 | Di–Mi 11–20, Do–So 11–18 Uhr | www.kansallis museo.fi*

## FREILICHTMUSEUM (ULKOMUSEO) AUF DER INSEL SEURASAARI [0]

Im schönen Park Wald werden historische Gehöfte, Herrenhäuser, Saunas, Mühlen und eine Holzkirche gezeigt. Die Gebäude stammen aus allen Teilen Finnlands. *Juni–Aug. Mo–Fr 9–15, Sa/So 11–17 Uhr | Bus 24 nach Meilahti | Vor der Brücke zur Insel liegt das Folklore-Zentrum Tomtebo, hier gibt es im Sommer Ausstellungen, Volkstänze, Events*

## HAVIS AMANDA [U D4]

Havis Amanda ist eine Meerjungfrau, die sich entschieden hat, für immer an Land zu leben. Der Besucher sieht sie auf dem gleichnamigen Brunnen stehen, wie sie einen letzten Blick über die Schulter zurück ins Wasser wirft. Das Meermädchen ist das Symbol Helsinkis, der „Tochter der Ostsee". *Übergang vom Esplanadenpark zum Marktplatz*

## INSEL PIHLAJASAARI [0] *Insider Tip*

Im Sommer führt eine Bootsverbindung (15 Min.) vom Anleger westlich des Brunnenparks nach Pihlajasaari zu zwei durch eine Brücke verbundenen Inseln. Es gibt dort Badestrände, idyllische Waldwege, ein Café und Grillplätze.

## KALLIO-KIRCHE (KALLION KIRKKO) [U D1]

Ein Beispiel finnischen Jugendstils (Lars Sonck, 1912) ist die aufwändig renovierte Kirche mit Art-nouveau-Ornamenten. Die Glocken spielen Sibelius-Melodien. *Itäinen Papinkatu 2*

## KIASMA [U C3]

Geschwungene Wände, asymmetrische Räume, überraschende Ein- und Ausblicke schaffen den Rahmen für neue und neueste Kunst (ab den 1960er-Jahren, v.a. aus Nordeuropa, aus Russland und dem Baltikum). Im Museum gibt es ein gutes Café! *Mannerheiminaukio 2 | Di 10–17, Mi–So 10–20.30, Fr 17–20.30 Uhr freier Eintritt | www.kiasma.fi*

## MARKTPLATZ (KAUPPATORI) [U D4]

Der Marktplatz lockt mit Beeren, Blumen und Souvenirs. Er liegt unmittelbar am Südhafen, frischer Fisch aus den Schären wird direkt vom Boot aus verkauft. Die Markthalle *Wanha Kauppahalli* stammt aus der Zarenzeit. An der Nordseite des Platzes erheben sich das Präsidentenpalais und das Rathaus. *Marktzeiten: Kauppatori Mo–Fr 6.30–18, Sa 6.30–16, im Sommer auch So 10–15 Uhr | Kauppahalli Mo–Fr 8–18, Sa 8–16 Uhr*

### PARLAMENT (EDUSKUNTATALO)  [U B3]

Der mächtige Bau mit Granitfassade und korinthischen Säulen von Johan Sigfrid Sirén wurde 1931 eingeweiht. Den 200 Parlamentariern kann man Di und Fr während der Sitzungszeit zuhören. *Mannerheimintie 30 |Führungen (englisch) Sa 11/12.30, So 12/13.30, Juli/Aug. auch Mo–Fr 11/13 Uhr | www.eduskunta.fi*

Die Nationalgalerie Kiasma: Das 1998 eröffnete Gebäude ist selbst ein Kunstwerk

### OLYMPIASTADION  [U B1]

Das Stadion wurde für die Olympischen Spiele 1940 errichtet, die aber wegen des Krieges erst 1952 stattfanden. In den Räumen der landesweit größten Sportarena sind eine Jugendherberge, ein Café und ein Sportmuseum untergebracht. Vom ☀ Turm aus (72 m) hat man eine gute Sicht. *Paavo Nurmen Kuja 1*

### SENATSPLATZ (SENAATINTORI) MIT DOM (TUOMIOKIRKKO) ★ ☀  [U D4]

Nach Entwürfen des Berliner Architekten Carl Ludwig Engel wurden die klassizistischen Gebäude am Senatsplatz (1820–1850) gebaut. Im Norden steht die ☀ Domkirche *(Tuomiokirkko).* Auf den Stufen davor trifft man immer junge Leute an, denn links liegt die Universität. Nebenan die Bibliothek, mit prachtvollen Deckenmalereien im Lesesaal. Gegenüber steht der Bau, der dem Platz seinen Namen gab: Von hier aus regierte zur Zarenzeit der Senat das Land. Heute sind Ministerien darin untergebracht. In der Platzmitte schaut Zar Alexander II. zum Hafen.

## >LOW BUDGET

> Das *Stadtmuseum Helsinki* verteilt sich auf neun Standorte über die ganze Stadt – der Eintritt ist überall frei. *www.helsinkicitymuseum.fi*

> Ein Touristenticket für den Nahverkehr lohnt sich: 5 Tage kosten 18 Euro. Die Stadtrundfahrt mit der Tram 3T oder 7A ist natürlich inklusive.

> Ab 22 Euro schläft man im *Hostel Erottajanpuisto* mitten im Designdistrikt. *Uudenmaankatu 9 | Tel. 64 21 69 | www.erottajanpuisto.com*

> Geld sparen mit der *Helsinki-Card*: Sie erlaubt freien Eintritt in 60 Museen, dazu freie Fahrt im Nahverkehr. *Erhältlich bei der Touristinformation, der Hotelbuchungszentrale und in Hotels: 24, 48 oder 72 Stunden Geltungsdauer für 33, 43 oder 53 Euro.*

> Das *Sea Horse (Kapteeninkatu 11, Ullanlinna | Tel. 62 81 68)* serviert finnische Hausmannskost zum kleinen Preis. Zum Beispiel das traditionelle und reichhaltige *Pyttipannu* – eine Art Bauernfrühstück – für 13 Euro.

> Für nur 2 Euro erleben Sie die Weltklasse-Musiker des *Philharmonischen Orchesters Helsinki* bei Generalproben in der *Finlandiahalle*. An bestimmten Tagen um 10 Uhr, Infos und Karten vor Ort am Info-Schalter *(Mannerheimintie 13).*

### SIBELIUS-PARK
### (SIBELIUKSEN PUISTO)     [U A1–2]

Sehenswert ist das Sibelius-Denkmal der Bildhauerin Eila Hiltunen (1967). In einer abstrakten Komposition aus Hunderten von Stahlröhren interpretiert Hiltunen Sibelius´ Musik. Konzession an Proteste gegen das unkonventionelle Kunstwerk: die Porträtplastik des berühmten Komponisten. *Mechelininkatu (Nordende)*

### SUOMENLINNA ★     [0]

Bewohnter Stadtteil, herrliche Ausflugsinseln und Unesco-Weltkulturerbe – Suomenlinna muss man gesehen haben. Mit der Fähre (Nahverkehrsticket) geht es in 15 Minuten hinüber zu den alten Festungsanlagen, wo vier Museen – u. a. zur Geschichte der Festung – und ein U-Boot zu besichtigen sind. Multivisionsshow im Besucherzentrum. Kunstausstellungen, ein Glas- und Keramikstudio, eine Brauerei, Restaurants und Cafés erwarten die Ausflügler. Außerdem kann man herrlich spazieren gehen, sogar baden und findet (auch überdachte) Picknickmöglichkeiten. *www.suomenlinna.fi*

### STADTMUSEUM HELSINKI
### (KAUPUNGINMUSEO)     [U D4]

Alles über das Leben in und um Helsinki seit der Stadtgründung, gut aufbereitet. Das Stadtmuseum verteilt sich auf neun Standorte. Besonders interessant ist das *Sederholmhaus*: das älteste Steingebäude der Stadt (1757) zeigt Ausstellungen zu speziellen Aspekten des Lebens der Helsinkier *(Aleksanterinkatu 16–18 | Mi–So 11–17 Uhr);* außerdem das *Spritzenmeisterhaus*: Einblicke in kleinbürgerliche Wohnverhältnisse um 1818 im wiederum ältesten Holzhaus der Stadtmitte *(Kristianinkatu 12 | Juni–Aug., Nov.–Dez. Mi–So 11–17 Uhr). Hauptsitz des Stadtmuseums: Sofiankatu 4 | Mo–Fr 9–17, Sa/So 11–17 Uhr | www.helsinkicitymuseum.fi*

### TÖÖLÖ-BUCHT (TÖÖLÖNLAHTI)　　　[U B–C1–2]

Die Bucht ist eine Oase mitten in der Stadt. Zu Fuß oder per Fahrrad geht es im Westen vorbei an der Finlandiahalle, der Oper, dem Wintergarten und an alten Holzvillen auf der Ostseite. Schöne Ausblicke zwischen Moderne und Nostalgie.

### USPENSKI-KATHEDRALE (USPENSKIN KATEDRAALI)　[U E4]

Östlich des Marktes sehen Sie die vergoldeten Kuppeln der größten orthodoxen Kirche außerhalb Russlands (1868). Durch ihre „fremde" Architektur ragt sie aus der Umgebung heraus und ist damit auch ein Sinnbild für den östlichen Einfluss in Finnland und für die religiöse Toleranz der Finnen. *Kanavakatu 1*

### ▰▰ ESSEN & TRINKEN ▰▰

### CAFÉ EKBERG　　　　　　　[U C5]

Seit 1852 bewirtet die Familie Ekberg mit Torten und Gebäck aus eigener Herstellung. Eine Institution in Helsinki, etwas nostalgisch, gerade deshalb frequentiert von Jung und Alt. *Bulevardi 9 | Tel. 09/68 11 86 60*

### CAFÉ ENGEL 🔊　　　　　　[U D4]

Lockere Bistroatmosphäre am Senatsplatz, beliebter Treffpunkt für Einheimische und Touristen. *Aleksanterinkatu 26 | Tel. 09/65 27 76*

Inspiriert von der russisch-orthodoxen Architektur: der Dom auf Helsinkis Senatsplatz

## CAFÉ URSULA ▶▶ 🔊 [U E6]

„Strandcafé" im Kaivopuisto in herrlicher Lage am Stadtpark: unbedingt vorbeischauen! *Ehrenströmintie 3 | Tel. 65 28 17 | www.ursula.fi*

## ELITE ▶▶ [U B2]

Seit Jahrzehnten Treff für (Lebens)-künstler, ihre Musen und Studenten zu Elchsuppe und mehr. *Eteläinen Hesperiankatu 22 | Tel. 09/434 22 00 | €€*

## FISHMARKET [U B2]

30 000 Austern werden hier jährlich verspeist, aber auch das Heringsmousse, die Bouillabaisse und die Lachsmenüs sind äußerst beliebt. Fangfrische Ware im edel-weißen Ambiete. *Pohjoisesplanadi 17 | Tel. 13 45 62 20 | www.palacekamp.fi | €€*

## KAPPELI [U D4]

Der Kuppelbau beherbergt ein Caféhaus und ein gehobenes Restaurant. Terrasse am Esplanadenpark. *Eteläesplanadi 1 | Tel. 010/766 38 80 | €€*

## KOSMOS [U C4]

Restaurant mit Aalto-Interieur. Finnische Küche mit schwedischem und französischem Einfluss. *Kalevankatu 3 | Tel. 64 72 55 | €€*

## KYNSILAUKKA GARLIC [U C5] Insider Tipp

Schmackhafte Küche, spezialisiert auf Knoblauchgerichte. *Fredrikinkatu 22 | Tel. 09/65 19 39 | €€*

## LAPPI [U C4]

Spezialitäten aus Lappland von Rentier bis Schneehuhn. *Annankatu 22 | Tel. 09/64 55 50 | €€€*

## MANALA [U B3]

Hier wird die Küche der finnischen Nordwestküste serviert, zum preiswerten Sattessen. *Dagmarinkatu 2 | Tel. 09/58 07 77 07 | €*

## PERHO [U A3]

Preiswert, aber immer gut. Die Azubis der ersten finnischen Restaurantschule servieren mit Charme und

Auf dem Kauppatori am Südhafen wird frische finnische Ware angeboten

Ambition. *Mechelininkatu 7 | Tel. 09/58 07 86 49 | €–€€*

### SÄRKÄNLINNA [0]
Das Inselrestaurant verbreitet Sommergefühle im Grünen zwischen alten Festungsmauern. Gute Küche, viel Fisch – bestellen Sie wahlweise einen Picknickkorb. *Insel Särkkä (Ableger beim Café Ursula, Kaivopuisto) | Tel. 13 45 67 56 | €€€*

### SASLIK [U D5]
Eine feine Adresse für russische Köstlichkeiten, abends mit russischer Live-Musik. *Neitsytpolku 12 | Tel. 09/74 25 55 00 | €€*

### SAVOTTA [U D4]
Finnische Küche in Holzfälleratmosphäre, freundlicher Service und schöne Gartenterrasse mitten in der Stadt. *Aleksanterinkatu 22 | Tel. 74 25 55 88 | €€*

### ZETOR [U C4]
Restaurant in schrägem Kaurismäki-Ambiente. Vor allem bei jungen Leuten beliebt. Serviert wird finnische Küche in Portionen für den großen Hunger. *Mannerheimintie 3–5 | Tel. 010/766 44 50 | €–€€*

### ■ EINKAUFEN
### DESIGN DISTRICT HELSINKI [U C4]
Rund um die Uudenmaankatu hat sich eine private Initiative zum *Design District* zusammengeschlossen. Boutiquen, Silberschmiede, Keramiker, Recyclingkunst-Stores und anderen Kunsthandwerker geben sich mit weißer Schrift im schwarzen Punkt im Fenster zu erkennen. *www.designdistrict.fi*

### MÄRKTE
Außer dem *Kauppatori* [U D4] hat Helsinki noch weitere Märkte, auf denen nicht nur Lebensmittel, sondern auch Blumen und Kunsthandwerk verkauft werden. *Hakaniementori* [U D2] liegt im Stadtteil Hakaniemi. Die Markthalle dort ist eine Fundgrube für Lebensmittel und Souvenirs. Ein kleiner, aber schöner Markt mit stets frischer Ware ist *Töölöntori* [U A–B2], fast am Nordende der Runeberginkatu.

*Hietalahdentori* [U B5] heißt Helsinkis Flohmarkt (auf dem gleichnamigen Platz am Ende des Bulevardi), mit Markthalle (Möbel und Antikes). *Mo–Fr 10–16, im Sommer auch Sa/So 8–14 Uhr.*

### PASSAGEN UND KAUFHÄUSER
*Stockmann* [U C4] an der *Aleksanterinkatu 52*, Skandinaviens größtes Kaufhaus (mit Lübecker Wurzeln), führt einfach alles von alltäglich bis exklusiv. *Forum* [U C4] bietet an der *Mannerheimintie 20* 120 Shops und Gourmetstationen unter einem Dach. Brandneu präsentiert sich das *Kamppi-Center* [U B–C4], ein Reise- und Shopping-Center im Herzen der Stadt mit 150 Läden und Lokalen. Die wohl exklusivste Passage ist die *Kämp Galerie* [U D4], edles Ambiente für Mode, Schmuck und anspruchsvolle Accessoires *(Pohjoisesplanadi 33)*. Das etwas andere Einkaufserlebnis bietet der *Kiseleff Basar* [U D4]. 20 kleine Läden sind in der alten Warenhalle im Empirestil versammelt *(Aleksanterinkatu 28)*. Unter anderem finden Sie hier jede Menge gutes Kunsthandwerk – und leckere Verführungen im Café

Senaatti. Kontrastprogramm: Mit der Metro 15 Min. ins Ostzentrum. *Itäkeskus* ist eine eigene Einkaufswelt mit 240 Geschäften.

### SHOPPEN UND FLANIEREN [U C4–5]

Die Esplanaden, die Parallelstraße *Aleksanterinkatu* und ihre Querstraßen sind ein Shoppingparadies: prachtvolle Auslagen, kleine Läden, Cafés und In-Lokale im Wechsel. Hier finden Sie alle bekannten Designnamen: Mode und Textilien bei Marimekko, fröhlich und schlicht; edle Kleider und Jacken bei Annikki Karvinen, Vuokko und Ril's; schönes Holz für Schmuck und Deko bei Aarikka; Arabia-Porzellan und Iittala-Glas im Iittala-Shop. Im Design-Haus *(Eteläesplanadi 4)* verkaufen die Kunsthandwerk-Galerie Okra, der Helsky-Shop und Modedesignerinnen, u. a. hübsche Leinenkleider.

### ■ ÜBERNACHTEN ■

Zimmernachweis im Hauptbahnhof *(Tel. 09/22 88 14 00 | www.helsinkiexpert.fi)*. Die Konkurrenz unter den Hotels ist groß. Fragen Sie unbedingt nach Rabatten – v. a. im Sommer gibt es attraktive Angebote (z. T. 50% Preisnachlass).

### AVA 🔊 [0]

Einfache, aber helle und freundliche Unterkunft. Sauna, ruhige Lage, gute Anbindung ans Zentrum. *75 Zi./Ap. | Karstulantie 6 | Tel. 09/77 47 51 | Fax 73 00 90 | www.ava.fi | €*

### CAMPING 🔊 [0]

Wer preisgünstiger und im eigenen Zelt übernachten möchte, steuert die Campingplätze Rastila *(Karavaanikatu 4, Stadtteil Vuosaari | 13 km östl. | ganzjährig | Tel. 09/321 65 51 | Fax 344 15 78)* oder Oittaa an *(Kun-*

## > BLOGS & PODCASTS
### Gute Tagebücher und Files im Internet

> www.myblog.de/myyratohtori – Hinter der „Mäusedoktorin" (Deutsch für *myyratohtori*) steckt die deutsche Biologin Karen, die in Turku lebt und ihr Herz an Finnland verloren hat.

> www.helsinkiblog.de – Helsinki ist „die coolste City im Norden". Finden Jan und Kristin, Mitarbeiter einer nordischen Werbeagentur. Poppige Marketing-Site mit vielen Tipps.

> http://helsinkiblog.com – Kommentare zu Leben, Kultur und Nachtleben in Helsinki. Autor ist ein sympathischer Zeitgenosse englischer Herkunft.

> www.schatz.de/edel – Roman Schatz ist Wahlfinne und TV-Star. Leider moderiert er auf Finnisch – aber sein schräges Lied „Edel sei der Mensch" spöttelt herrlich auf Deutsch.

> www.yle.fi/news – Die Morgennachrichten des öffentlich-rechtlichen Rundfunks YLE in Englisch.

> www.radiofreefinland.net – Talkrunden mit bekannten und unbekannten Finnen zu Themen aus Politik, Kultur, Wirtschaft und Gesellschaft (in Englisch). Betreiber des Podcasts ist ein in Finnland lebender Amerikaner.

Für den Inhalt der Blogs & Podcasts übernimmt die MARCO POLO Redaktion keine Verantwortung.

*narlantie, Espoo | 20 km nordwestl. | Mai–Aug. | Tel. 09/61 38 32 10).*

### CITYKOTI-APARTMENTS [U B4]

Bei längeren Aufenthalten in Helsinki lohnt sich die Unterkunft in einem komplett ausgestatteten Selbstversorger-Appartement. *Malminkatu 38 | Tel. 050/555 00 58 | Fax 09/321 21 36 | www.citykoti.com | €–€€*

### EUROHOSTEL [U F4]

Einfaches, budgetfreundliches Haus, halb Jugendherberge, halb Hotel. *135 Zi. | Linnankatu 9 | Tel. 09/622 04 70 | Fax 65 50 44 | www.eurohostel.fi | €*

### KÄMP [U D4]

Luxus total. Hier komponierte einst Jean Sibelius, hier traf sich die Bohème, hier wurde Politik gemacht. *180 Zi. | Pohjoisesplanadi 29 | Tel. 09/57 61 11 | Fax 576 11 22 | www.hotelkamp.fi | €€€*

### MARTTA [U C5]

Ein freundliches und familiäres Hotel. Viele In-Adressen – Kneipen und Shopping – liegen ganz in der Nähe. *44 Zi. | Uudenmaankatu 24 | Tel. 09/618 74 00 | Fax 618 74 01 | www.marttahotelli.fi | €–€€€*

### OMENA HOTEL [U B4]

Die „Apfel"-Kette bietet Hotels ohne Rezeption, Buchung online oder am IT-Terminal vor Ort. Guter Standard, große Zimmer. *95 Zi. | Eerikinkatu 24 | Tel. 020/771 65 55 | Fax 0200/390 00 | www.omena.com | €€*

### TORNI [U C4]

Das Traditionshotel der Sokos-Kette im Jugendstil lädt in stilistisch unter-

schiedliche, renovierte Zimmer. Toll der Blick von der Ateljee-Bar mit Terrasse im 14. Stock. *Yrjönkatu 26 | Tel. 020/123 46 04 | Fax 09/43 36 71 00 | www.sokoshotels.fi | €€€*

**Straßenmusiker an der Esplanade**

## ■ AM ABEND

### NIGHTLIFE

▶▶ Helsinki hat eine quicklebendige Club-, Kneipen- und Nightlifeszene. Angesagt sind Kamppi und Kallio für das flippigere, Zentrum und Töölö eher für gemischtes Publikum. Eine Auswahl: Live-Rock im *Tavastia (Urho Kekkosenkatu 6)*; schräge Ostalgie im *Moskva (Eerikinkatu 11)* und Eurovision-Hits (auch für Gays) im *Con Hombres (Eerikinkatu 27)*; *Rose Garden* als Dancefloor *(Eerikinkatu 10)* und *We Got Beef* für junges Partyvolk in der Fußgängerzone

*Iso Roobertinkatu.* Jazz im *Storyville* *(Museokatu 8)*; in Kallio die Clubs *Kola (Helsinginkatu 13)*, oder *Rytmi (Toinen linja 2)*. Zum Karaoke geht´s ins *Pataässä (Mariankatu 9).*

### OPER, KONZERT, BALLETT, THEATER

Auch die so genannte Hochkultur ist in Helsinki angesagt und gar nicht elitär. Orchester, Chöre und Tanz-kompanien genießen internationales Renommée. Nationaltheater, Stadt-

### ■ FREIZEIT & SPORT

### RADFAHREN UND WANDERN

In der Stadt stehen kostenlos City-bikes zur Verfügung *(mehrere Stände, 2 Euro Pfand, auch Fredrikinkatu 31 | Tel. 09/505 50 10 20.* Kostenlos sind die Naturausflüge, die das Umwelt-zentrum organisiert *(Helsinginkatu 24 | Tel. 09/73 12 27 30 | www.hel2.fi/ ymk).* Wer wandern möchte, findet im Zentralpark ein herrliches Areal, das sich 11 km bis zum Vantaa-Fluss

Klare Linien und viel Glas bestimmen das moderne Opernhaus von Helsinki

theater, Nationaloper und Ballett so-wie Philharmonie und Sibelius-Aka-demie versprechen frischen, unver-brauchten Kunstgenuss. Infos über Programm und Vorverkaufsstellen in der städtischen Touristeninformation bzw. in Hotels. Ticketservice: *Lippu-palvelu* **[U D4]** | *Aleksanterinkatu (Stockmann)* | *Tel. 0600/108 00* | *vom Ausland Tel. 00358/9/61 38 62 46|* *www.lippupalvelu.fi*

durch die Stadt zieht. Die Karte „Walk the green Helsinki" *(gratis im Tourist Office)* stellt sieben Wandertouren vor.

### SCHWIMMEN

Helsinki hat mehr als 25 Badestrände aufzuweisen. Einer der schönsten ist der Sandstrand von *Hietaniemi*. Al-ternativen: Das *Freibad* beim Olym-piastadion und die nostalgische *Halle* in der *Yrjönkatu*.

## WASSERSPORT

Das *Kanuzentrum Helsinki (Rajasaarenpenger 8 | Tel. 09/436 25 00)* bietet geführte Kanutouren in die herrliche Schärenwelt sowie Kanuverleih.

## ■ AUSKUNFT ■

### FREMDENVERKEHRSAMT DER STADT HELSINKI 🔊 [U D4]

Hier gibt es Stadtpläne, Infos und Tipps, freundlichen Service – und „Helsinki this Week", den kostenlosen monatlichen Veranstaltungskalender mit Adressen und Wissenswertem. *Pohjoisesplanadi 19 | Tel. 09/31 01 33 00 | Fax 31 03 66 60 | www.visithelsinki.fi | Nebenstelle im Hauptbahnhof*

## ■ ZIELE IN DER UMGEBUNG ■

### ESPOO [120 B5]

Helsinki ist im Westen mit der zweitgrößten Stadt des Landes, Espoo (235 000 Ew.), zusammengewachsen. Espoo ist ein Zentrum für Forschung und Technologie. Berühmt ist der Stadtteil *Tapiola*. Die lichte, grüne „Gartenstadt" wurde ab 1952 realisiert (Besichtigungen zu Fuß). Sehenswerte Architektur in Espoo: die *Bauten der Hochschule* im Stadtteil Otaniemi (Alvar Aalto) und das Kongresszentrum *Dipoli*, in dem u.a. die KSZE-Verhandlungen stattfanden. Stolz der Stadt ist das neue *Ausstellungs- und Kunstzentrum WeeGee* mit fünf Museen (u.a. EMMA für moderne Kunst, Spielzeug und Uhren), Galerie und Shop. *Ahertajantie 5, Tapiola | Di–So 11–18, Mi/Do bis 20 Uhr | www.weegee.fi*

Ein Museum besonderer Art sind Atelier und Wohnhaus des Malers Akseli Gallen-Kallela, von ihm selbst in allen Details geplant und 1911–1913 gebaut *(Gallen-Kallelantie 27 | Mitte Mai–Ende Aug. tgl. 10–18, Sept.–Mitte Mai Di–Sa 10–16, So 10–17 Uhr | www.gallen-kallela.fi).* Auskunft: *Itätuulenkuja 11 | Tel. 09/81 64 72 30 | Fax 81 64 72 38 | www.espootravel.com*

### HVITTRÄSK [120 A5] Insider Tipp

Wohnung und Arbeitsstätte dreier berühmter finnischer Architekten in Luoma/Kirkkonummi (28 km): Eliel Saarinen, Herman Gesellius und Armas Lindgren. Sie bauten die Wohnanlage 1902 hier auf einem hohen Felsen am Wasser ganz aus Naturmaterialien. Die Anlage weist karelische und Jugendstilelemente auf, im Inneren originale Art-nouveau-Einrichtungen. Zu erreichen per Auto über den Ring III (Straße Nr. 50) im Westen von Espoo. Oder mit dem L-Zug bis Luoma, von dort 3 km zu Fuß. *Mai–Sept. tgl. 11–18, sonst Di–So 11–17 Uhr | www.nba.fi/en/hvitträsk*

### TUUSULANJÄRVI [120 C5]

Von Helsinki geht es nördlich Richtung Järvenpää auf eine Tour um den See Tuusulanjärvi. Seit Beginn des 20. Jhs. ist die Region eine bedeutende Künstlerkolonie. Neben schönen Seeblicken geballtes Kulturprogramm: *Ainola*, das Haus des Komponisten Jean Sibelius, *Halosenniemi*, Atelierhaus des Malers Pekka Halonen, die *Sterbehütte* des Begründers der finnischen Literatur, Aleksis Kivi, und das *Lotta-Museum*, Geschichte aus der Sicht der Frauen, die im Krieg Hilfsdienste geleistet haben. *Alle Museen im Sommer Di–So 11–17 Uhr*

## > LEBENDIG UND VERTRÄUMT

Entlang der Küste finden Sie betriebsame Häfen, ruhige Fischerdörfern und herrliche Badeorte

> Der Süden, vor allem der Südwesten der Region, ist gekennzeichnet durch eine stark gegliederte Küste, die sich in unzähligen Schäreninseln verliert.

Weiter nach Norden, am Bottnischen Meerbusen entlang, wird die Besiedelung dünner, und es gibt weite Landstriche mit wunderschönen Sandstränden (der schönste in Yteri bei Pori), aber auch malerische Klippen, ein Paradies für Wassersportler, vor allem für Segler und Surfer.

## ÅLANDINSELN

[119 E5] Åland ist etwas ganz Besonderes: Über 6500 Inseln und Schären, teils bewaldet, teils felsig, ein einzigartiges Mosaik im weiten Meer zwischen dem schwedischen und dem finnischen Festland. 26 900 schwedischsprachige Einwohner leben auf 1527 km². Jahrhundertelang zwischen Schweden und Russen umkämpft, gehört Åland heute als autonome Region zu Finn-

Bild: Schären vor Rauma

# KÜSTE UND INSELN

land (Entscheid des Völkerbundes 1921). Das Inselreich ist stolz auf eine eigene Flagge (seit 1954) und eigene Briefmarken (seit 1984).

Über die Häfen in Mariehamn, Eckerö, Vårdö und Lumparland ist Åland mit Schweden und Finnland per Fähre verbunden. Innerhalb der Inseln verläuft der Fährverkehr auf drei Hauptstrecken: die Route Hummelvik/Vårdö-Enklinge-Kumlingen-Torsholma/Brandö, außerdem die Passage Långnäs-Överö-Sottunga-Kökar-Galtby sowie die Route Degerby/Föglö-Svinö/Lumparland.

Hauptstadt der Inseln ist *Mariehamn* (10 800 Ew.), ein liebenswertes Ort mit Jachthäfen und Holzhäusern. Bei aller Beschaulichkeit bieten die Inseln – vor allem in Mariehamn – eine erstaunliche Vielfalt an Kultur, Events und Vergnügungen. Und eine reiche Geschichte als Land der Bauern, Reeder und Seeleute.

## ■ SEHENSWERTES ■

### ÅLANDSMUSEUM

Gut aufbereitete Ausstellung über die wechselvolle Geschichte des Archipels. Angeschlossen ist Ålands *Kunstmuseum* mit Werken heimischer Künstler. Viel zu entdecken auf begrenztem Raum. *Stadshusparken |*

Seglertreff im Hafen von Mariehamn

*Mariehamn | Juli tgl. 10–18, Juni/Aug. bis 17, Sept.–Mai Di/Do 10–20, Mi/Fr 10–16, Sa/So 12–16 Uhr | www.museum.ax*

### ÅLANDS SJÖFARTSMUSEUM

Erinnerungen an die Zeit der großen Windjammer in einem Museum, das wie ein Schiff gestaltet ist. *Hamnga-*

*tan 2, Mariehamn | Mai/Juni/Aug. tgl. 9–17, Juli 9–19, sonst 10–16 Uhr | www.sjofartsmuseum.aland.fi*

### AUSSICHTSTURM HÖGA C

Klassiker unter den beliebtesten Aussichtstürmen ist ⚡ *Höga C* auf dem Berg in Godby, *Finström* (Hauptinsel Fasta Åland). Zum Turm gehört das *Café Uffe på berget.* Der *Pannkaka*, eine åländische Kuchenspezialität (mit Grieß und Pflaumenkompott) ist hier ein Gedicht. Der Turm ist nur über das Café *(Eintritt)* zu erreichen.

### KASTELHOLM

1388 findet das imposante Burgschloss auf der Insel Sund erstmals Erwähnung. Mehrfach abgebrannt, präsentiert es sich im sorgfältig restaurierten Gewand. Gleich nebenan sind das *Freilichtmuseum Jan Karlsgården* und das *Gefängnismuseum Vita Björn.* Ebenfalls auf Sund die Ruinen der mächtigen *Festung Bomarsund* aus russischer Zeit, 1854 im Krimkrieg zerstört. *Schloss Mai/Sept. tgl. 10–16, Juni/Aug. bis 17, Juli bis 18 Uhr | Freilichtmuseum Mai–Aug. tgl. 10–17, Sept. bis 16 Uhr*

### KIRCHEN

Auf den Ålandinseln gibt es ein ganzes Dutzend sehenswerter und in ihrer Gesamtheit einmaliger mittelalterlicher Kirchen, oft geschmückt mit Votivschiffen und Wandmalereien. Die vermutlich älteste (um 1250) steht in *Jomala.*

### MUSEUMSSCHIFF „POMMERN"

Im Westhafen von Mariehamn liegt die „Pommern". Die Viermastbark von 1903, die einzige im ursprünglichen Zustand erhaltene der Welt, ist heute Museumsschiff. In den 1930er-Jahren brachte sie Weizen von Australien nach England. Rekordzeit: 94 Tage! *Mai–Aug.*

### POST- UND ZOLLHAUS

Überall auf Åland stößt man auf Erinnerungen an die alte Postroute von Stockholm nach St. Petersburg. Beeindruckend ist das neoklassizistische *Post- und Zollhaus* (1828) in *Eckerö* (Fasta Åland) mit mehreren Ausstellungen, Kinderpostamt, Café und einer Kunsthandwerk-Boutique. *Mai–Aug. tgl. 10–16, Juli bis 18 Uhr*

### 🔴 Insider Tipp SEEFAHRTVIERTEL

Auf der kleinen Werft in *Mariehamns* Osthafen wird der traditionelle Schiffbau wieder lebendig, werden alte Schiffe liebevoll restauriert oder komplett nachgebaut. Dazu kommt die einzigartige Verbindung von Handwerk und Kunst. Schmiede, Seilerei und Galerien wie das Kunsthandwerkshaus *Salt* haben sich auf dem Gelände mit typisch åländischen Bootshäusern angesiedelt, neben einer maritimen Ausstellung und nettem Café. *www.sjokvarteret.com*

## 🟩 ESSEN & TRINKEN

### BAGARSTUGAN CAFÉ & VIN

Lunchrestaurant, Bistro und Café im ältesten Holzhaus Mariehamns, Terrasse im Innenhof neben einer Glas- und Keramikwerkstatt. *Ekonomiegatan | Tel. 018/198 80 | €*

### DEGERBY MAT & CAFÉ

Im Schärendorf Degerby auf Föglö, bodenständig und mit Lokalkolorit. Geboten wird Hausmannskost und mehr zu angemessenen Preisen. Auch B&B. *Tel. 018/500 02 | €€*

### INDIGO

Gehobene Küche in rustikal-elegantem Ambiente. Außerdem: Bar und Sommerterrasse. *Nygatan 1, Mariehamn | Tel. 018/165 50 | €€–€€€*

## 🟩 ÜBERNACHTEN

### BASTÖ HOTELL & STUGBY

Rustikales Holzhaus mit Blockhütten für die Gäste. *Mai–Sept. | 20 Zi., 20 Hütten | Pålsböle, Finström | Tel.*

## MARCO POLO HIGHLIGHTS

⭐ **Hanko**
Feriensstadt mit Sandstränden und Finnlands größtem Gästehafen (Seite 48)

⭐ **Tietomaa**
Faszinierende Technikausstellung in Oulu mit vielen Überraschungen (Seite 50)

⭐ **Rauma**
Das größte geschlossene Holzhausgebiet der nordischen Länder (Seite 53)

⭐ **Porvoo**
Schönes Ensemble von Lager- und Wohnhäusern aus Holz (Seite 53)

⭐ **Burg (Turun linna)**
Zeichen schwedischer Herrschaft in Turku, Finnlands erster Hauptstadt (Seite 55)

⭐ **Naantali**
Hübsche Holzvillen im romantischen Küstenstädtchen (Seite 56)

018/423 82 | Fax 425 20 | *www. basto.aland.fi* | €€

### PENSIONAT SOLHEM
Ruhige Lage im grünen Süden der Stadt. *29 Zi. | Lökskärsvägen, Marie-hamn | Mai–Okt. | Tel. 018/163 22 | pensionat.solhem@co.inet.fi* | €

### ■ FREIZEIT & SPORT
### GOLF
Der ▶▶ *Åland Golfclub* mit zwei 18-Loch-Plätzen im Schatten des Schlosses gehört zu den beliebtesten Skandinaviens. *Kastelholm, Sund |*

## >LOW BUDGET

> Die *Fähren im Åland-Archipel* nehmen Gäste (auch Autos) gratis mit, sofern sie zu einem Zwischenhafen und nicht von Endhafen zu Endhafen unterwegs sind. Kostenlos sind im Schärenring die Fähren von Pargas/Parainen (ca. 25 km von Turku) nach Nagu/Nauvo, weiter Korpo/Korppo und Houtskär/Houtskari. *www.saa risto.org, www.alandstrafiken.ax*

> Eintritt frei heißt es im *Freilichtmuseum Jan Karlsgården (Sund)* in traumhafter Lage, ein Event für die ganze Familie. *Tel. 018/437 30*

> Die *TurkuCard* berechtigt zu freien Busfahrten inkl. Sightseeingtour, zu freiem Zugang zu Sehenswürdigkeiten und Museen in der Stadt sowie zu Ermäßigungen in Restaurants und Shops *(Beispiel: 28 € für 48 Std.)*

> Der Besuch der *Universitätsmuseen in Oulu* (zoologische und geologische Abteilung in Linnanmaa sowie im Botanischen Garten) ist gratis. *So–Fr 11–15 Uhr.*

Tel. *018/415 50.* Außerdem gibt es einen Platz in Eckerö *(Tel. 018/383 70 | www.golfclub.aland.fi).*

### ■ STRÄNDE
Die schönsten Sandstrände nennt Eckerö sein Eigen. Die seichten Ufer von Degersand, Sandviken und Käringsund sind besonders Familien mit kleinen Kindern zu empfehlen. Badefreuden erlauben auch die vielen romantischen Buchten im gesamten Archipel.

### ■ AUSKUNFT
### ÅLANDS TURISTINFORMATION
*Storagatan 8, Mariehamn | Tel. 018/240 00 | www.visitaland.com*

## HANKO

[120 A6] ★ **Die südlichste Stadt Finnlands (10 000 Ew.) liegt auf einer weit in die Ostsee vorgeschobenen Landzunge mit 130 km Küstenlinie, über 30 km davon sind Sandstrand.** Hanko, schwedisch *Hangö*, ist mit einem überdurchschnittlich gutem Klima gesegnet und gilt als finnische Sommerstadt schlechthin. Bereits zur Zarenzeit war die Gemeinde beim russischen Adel als Seebad beliebt.

### ■ SEHENSWERTES
### HAUENSUOLI („HECHTDARM")
Seefahrer hinterließen im 16.–18. Jh. in einem „Gästebuch" auf Felsen eingeritzt über 600 Namen, Wappen und Handelszeichen. *Im Sommer mit M/S Marina vom Osthafen, sonst Taxiboot*

### WASSERTURM (VESITORNI) ☀
Per Fahrstuhl geht es 50 m hoch zur Aussichtsterrasse. Von hier haben Sie

# KÜSTE UND INSELN

einen herrlichen Blick auf Schären und die Holzvillen. *Im Sommer 12–17 Uhr*

### ◼ ESSEN & TRINKEN
#### HAUS DER VIER WINDE
Eine schöne, lange Strandwanderung führt zu diesem exponierten Restaurant mit Café. Zeitweilig gehörte das Holzhaus im Wind, umgeben von Sand und Fels, Finnlands Präsident und Nationalhelden Carl Gustaf Emil Mannerheim. *Pieni Mäntysaari | Tel. 050/594 08 09 | €–€€*

#### MAKASIINI
Fischrestaurant im Osthafen mit Terrasse. Probieren Sie gratinierte Flunder! *Mai–Sept. | Satamakatu 9 | Tel. 019/248 40 60 | €€–€€€*

### ◼ ÜBERNACHTEN
#### GASTHAUS EVANGELICA
Nette Zimmer im früheren Internat, der evangelischen Volkshochschule angeschlossen. *24 Zi. | Esplanadi 61 | Tel. 019/248 69 23 | www.evangelica. net | €–€€*

#### HOTEL VILLA MAIJA
Schönes Holzhaus, 200 m zum Strand. Es werden viele Aktivitäten geboten, z.B. Klettern, Karts und Wasserjet. *13 Zi. | Appelgrenintie 7 | Tel. 019/248 29 00 | www.villamaija. fi | €€–€€€*

### ◼ AUSKUNFT
#### TOURISTBÜRO
*Raatihuoneentori 5 | Tel. 019/220 34 11 | Fax 220 32 61 | www.hanko.fi*

### ◼ ZIELE IN DER UMGEBUNG
#### BENGTSKÄR                    [0]
Die Schäreninsel liegt 25 km vor Hanko, ist die südlichste bewohnte Insel des Landes und besitzt den höchsten Leuchtturm Skandinaviens. Museum, Café und einige Gästezimmer. Bootstouren vom Osthafen *(www.bengtskar.fi).*

#### EISENHÜTTEN (RUUKKI)     [120 B5]
*Insider Tipp*
Eisenhütten- und Gutshofmilieus sind typisch für die Südspitze Finnlands. Ausstellungen und Demonstrationen alter Handwerke versetzen

die Besucher in *Pohja* (47 km) in den Eisenhüttendörfern *Fiskars* und *Billnäs* in eine andere Welt. Fiskars Scheren und Messer sind heute eine finnische Topmarke in Design und Qualität. *www.fiskarsvillage.fi*

### TAMMISAARI　　　　　　　　[120 B6]

*Ekenäs* (15 000 Ew.), so der schwedische Name, besticht mit einer verwinkelten Altstadt und seiner beschaulichen Atmosphäre. Highlights: Ein Besuch der *Burg Raseborg* aus dem 14. Jh. (15 km vom Zentrum) und Ausflüge in den *Nationalpark Schärengarten* vor der Küste, eine Weite von 5000 ha. *www.ekenas.fi*

**Insider Tipp**

# OULU

**[123 D3]** Vor der Fahrt in die Einsamkeit Lapplands lohnt ein Stopp in Oulu (130 000 Ew.) am oberen Ende des Bottnischen Meerbusens. Die Provinzhauptstadt (gegründet 1605) war schon früh ein Handelsplatz, vor allem für Teer und Tierfelle. Nach einem Großbrand 1822 wurde die Stadt „modern" neu aufgebaut. Heute ist sie geprägt von Industrie, der Universität, Hochtechnologie und Schifffahrt.

### ■ SEHENSWERTES

### DOM (TUOMIOKIRKKO)

Einfache, strenge Formen des Neo-Klassizismus prägen den Bau von Carl Ludwig Engel (1832). *Kirkkokatu, Ecke Linnankatu | Mo–Fr 12–13, Sommer tgl. 11–20 Uhr*

### MARKTPLATZ (KAUPPATORI) UND MARKTHALLE (KAUPPAHALLI)

Geschäftig, doch entspannt ist das bunte Marktgeschehen direkt am Hafen. Ein Blickfang ist die Backsteinmarkthalle mit Jugendstilelementen. Restaurierte Häuser und alte Salzspeicher runden das Ambiente.

### TIETOMAA ★ ⌇

Nördlich der Stadt erwartet ein modernes Wissenschaftszentrum der Su-

Das Pierhaus am Hafendamm von Tammisaari beherbergt ein Restaurant

perlative neugierige Besucher. Das Beste: Man kann alles selbst ausprobieren und lernt so spielerisch Erstaunliches über Natur und Wissenschaft, auch für Kinder spannend. Jährlich gibt es zwei neue Themenausstellungen. *Nahkatehtaankatu 6 | Sept.–April Mo–Fr 10–16, Sa/So 10–18 Uhr, Mai–Aug. tgl. 10–18 (Juli tgl. 10–20) Uhr | www.tietomaa.fi*

### REGIONALMUSEUM NORD-ÖSTERBOTTEN (POHJOIS-POHJANMAAN MUSEO) ⌇

Spannend gestaltetes Haus über vier Etagen. Auf unterhaltsame Weise wird hier Wissen um die alte Stadtgeschichte und den Teerhandel, um Mode- und Wohnstile bis in die 1970er Jahre vermittelt. Bedeutend die Sammlung zur samischen Kultur. Spezielle Angebote für Kinder. *Ainolan puisto | Mai–Aug. Di–Fr 10–18 (Mi bis 19), Sa–So 11–18, sonst Di–So 10–17 Uhr | www.ouka.fi/ppm*

## ESSEN & TRINKEN
### RESTAURANTSCHIFF NEPTUNUS

Maritimes Ambiente in einem alten Segelschiff direkt am Marktplatz; es gibt auch Theateraufführungen. *Torinranta | Tel. 08/37 25 72 | €€€*

### PANNU

In der bodenständigen „Pfanne" gibt es leckere bis raffinierte Speisen. *Kauppurienkatu 12 | Tel. 020/792 82 00 | €€*

## ÜBERNACHTEN
### HOTEL LASARETTI ⌇

Im großen Park, praktisch im Flussdelta. *49 Zi. | Kasarmintie 13 | Tel. 020/757 47 00 | Fax 020/757 47 02 | www.lasaretti.fi | €€€*

### HOTEL TURISTI ⌇

Etwas günstigeres Familienhotel in Bahnhofsnähe. *36 Zi. | Rautatienkatu 9 | Tel. 08/563 61 00 | Fax 311 07 55 | www.hotellituristi.fi | €€*

## AUSKUNFT
### STÄDTISCHE TOURISTENINFORMATION

*Torikatu 10 | Tel. 08/55 84 13 30 | Fax 55 84 17 11 | www.oulutourism.fi*

## ZIELE IN DER UMGEBUNG
### KALAJOKI                    [122 C4]

Der kilometerlange Sandstrand des beliebten Badeortes 140 km südwestlich von Oulu lockt Sonnenhungrige und Wasserratten in Scharen. Vielfältige kulinarische und Wellnessangebote. Ein Wasserbus fährt zur Fischerinsel *Maakalla*.

### MUHOS                       [123 D4]

Die Gemeinde (30 km) am Oulujoki-Fluss bietet eine Kunst- und Keramikwerkstatt und die älteste ganzjährig genutzte Holzkirche des Landes (1634). Außerdem sehenswert: das *Kraftwerksmuseum Pyhäkoski* an Finnlands höchstem Wasserfall (32,4 m).

### TURKANSAARI-FREILICHTMUSEUM (TURKANSAAREN ULKOMUSEO) [123 D3]

Hier können Sie sehen, wie die Menschen der Region einst gelebt haben. Das Freilichtmuseum Turkansaari besteht aus 40 historischen Gebäuden mit Originaleinrichtung und einer Holzkirche von 1694. Es liegt 14 km vom Zentrum entfernt auf einer Insel und ist mit dem Flussdampfer zu erreichen. *Turkansaarentie 165 | Juni–Mitte Aug. tgl. 10–19, Mitte Aug.–Mitte Sept. tgl. 10–17 Uhr*

Das Holzhausviertel von Rauma

# PORI

**[119 F3] Die Industrie- und Handelsstadt (77 000 Ew.) ist vor allem durch ihr jährliches Jazzfestival berühmt geworden.** 1558 als Handelsstützpunkt an der Flussmündung gegründet, hat die Landhebung Pori jetzt 20 km landeinwärts verlegt. Nach einem Brand im Jahr 1852 wurde die Stadt neu aufgebaut. Praktisch für die Orientierung ist das schachbrettartige Straßenraster.

## ■ SEHENSWERTES ■

### KIRJURINLUOTO

Die weitläufige Flussinsel mitten in Pori ist die Freizeitoase der Städter mit einem schönen Park, Spielplätzen und Strand. Hier findet im Juli das *Pori Jazzfestival* statt – ein Muss für Jazzfans *(www.porijazz.fi)*.

### MUSEUMSZEILE

Am südlichen Flussufer liegen dicht beieinander das *Provinzmuseum Satakunta*, die städtische *Kunsthalle* und die *Galerie Poriginal.* So wird hier viel geboten von Heimatkunde bis zu moderner Kunst. *Eteläranta | wechselnde Öffnungszeiten, Kernzeit Di–So 11–17 Uhr*

## ■ ESSEN & TRINKEN ■

### MERIMESTA

Fischvielfalt, frisch und günstig, im Fischereihafen von Reposaari, mit Sommerterrasse und Fischverkauf der Genossenschaft. Schöner Ausflug zum Abendessen. *Auf der Insel Reposaari | Tel. 02/638 02 92 | €–€€*

### RAVINTOLA LIISANPUISTO

Restaurantschule mit angenehmem Ambiente, guter Mittagstisch. *Liisankatu 20 | Tel. 02/621 67 80 | €–€€*

## ■ ÜBERNACHTEN ■

### AMADO ☊

Spezielle Angebote für Golfer. *51 Zi. | Keskusaukio 2 | Tel. 02/631 01 00 | Fax 633 81 75 | www.amado.fi | €€–€€€*

### HOSTEL BUISTO

Günstiges Haus im Herzen der Stadt. *17 Zi. | Itäpuisto 13 | Tel. 02/633 06 46 | www.hostelbuisto.net | €*

# KÜSTE UND INSELN

## ■ AUSKUNFT ■

**TOURIST INFORMATION**
*Yrjönkatu 17 | Tel. 02/621 12 73 | Fax 621 12 75 | www.pori.fi*

## ■ ZIELE IN DER UMGEBUNG ■

**RAUMA** ⭐ [118 A1]
In der drittältesten Stadt Finnlands (38 000 Ew.), etwa 50 km südlich von Pori, erwartet Sie das größte zusammenhängende Holzhausviertel der nordischen Länder. Die 600 Häuser aus dem 18./19. Jh. gehören seit 1991 zum Unesco-Weltkulturerbe *(www.oldrauma.fi)*. Rauma ist berühmt für die Tradition des Spitzenklöppelns – geschickte Klöpplerinnen treffen sich jedes Jahr Ende Juli zur Spitzenwoche. Auskunft: *Valtakatu 2 | Tel. 02/83 78 77 31 | Fax 83 78 77 41 | www.visitrauma.fi*

**REPOSAARI** [119 F3]
Die Insel (32 km) bietet ein malerisches Fischerdorf, einen Hafen und hervorragende Fischrestaurants. Sehenswert: eine Kirche im norwegischen Stil, von norwegischen Seeleuten gestiftet. Mit Campingplatz.

**YYTERI** [119 F3]
Die Landzunge vor Pori mit sauberen flachen Stränden verfügt über ein umfassendes Sport- und Freizeitangebot.

## PORVOO

[120 C5] ⭐ Wer es irgendwie ermöglichen kann, sollte einen Abstecher nach Porvoo (46 000 Ew.) machen. Die Holzhausarchitektur ist – außer in Rauma – nirgendwo sonst in Finnland so

## > BÜCHER & FILME

*Skurril, todernst, anrührend – typisch finnisch*

> **Der Grenzgänger** – Matti Rönkä ist mit seinem Krimi um Detektiv Kärppä ein Bestseller gelungen. Die Geschichte, die sich um finnisch-estnisch-russische Gangsterkämpfe rankt, erhielt den finnischen Krimi-Preis.

> **Das Jahr des Hasen** – Den Journalisten Vatanen ödet alles an: Ehe, Familie, Beruf. Bis ihm eines Tages ein Hase vors Auto hoppelt. Urkomisch, anrührend, todernst – Arto Paasilinna ist ein Meister des skurrilen Humors.

> **Das Mädchen und der Rapper** – Nelli, die folgsame Tochter, verliebt sich in Sune, den Macho-DJ: Mit seinem Regie-Erstling inszenierte Dome Karukoski 2005 eine Hip-Hop-Variante des „Romeo und Julia"- Themas.

> **Lichter der Vorstadt** – Einzelgänger Koistinen jobbt nachts als Wachmann einer Sicherheitsfirma in Helsinki: „Lichter der Vorstadt" (2006) ist der Abschluss einer Trilogie über Außenseiter der Gesellschaft. Regisseur Aki Kaurismäki, der renommierteste Filmemacher Finnlands, ist bekannt für karge Handlungen und tiefe Melancholie. Kino für Lakoniker.

> **Kreuze in Karelien** – Der Antikriegsroman (1954) von Väinö Linna ist ein finnischer Bestseller und wurde zweimal verfilmt. Die Erstverfilmung (Regie: Edvin Laine) sahen Millionen Zuschauer weltweit. In seinem harten Realismus auf einer Stufe mit „Im Westen nichts Neues".

komplett und schön erhalten wie in der Stadt aus dem 14. Jh.

## ◼ SEHENSWERTES ◼

### ALTSTADT MIT DOM

Am Fluss zieht eine Reihe malerischer roter Lagerhäuser die Blicke auf sich. Dahinter liegt die mittelalterliche Altstadt: kleine Holzhäuser, holprige Gassen, hübsche Hinterhöfe, darin kunsthandwerkliche Läden, Galerien, Cafés. Auf dem Hügel thront der Dom, derzeit eine Großbaustelle: Das gotische Gotteshaus mit seinen schönen Backsteinornamenten wurde Ziel einer Brandstiftung, der Wiederaufbau soll bis 2009 dauern.

### RUNEBERGS WOHNHAUS (RUNEBERGIN KOTI)

Das älteste Wohnungsmuseum Finnlands (1882) war das Domizil des Nationaldichters Johan Ludvig Runeberg. An ihn erinnern die gleichnamigen Törtchen: unbedingt probieren! *Mai–Aug. Mo–So 10–16, sonst Mi–So 10–16 Uhr | www.runeberg.net*

## ◼ ESSEN & TRINKEN ◼

### HANNA MARIA

Familienfreundlich, preiswerter Mittagstisch. *Välikatu 6 | Tel. 019/58 32 00 | €*

### WANHA LAAMANNI

Feines Speisen in gustavianischem Ambiente. *Vuorikatu 17 | Tel. 020/752 83 55 | €€€*

## ◼ ÜBERNACHTEN ◼

### PORVOO HOSTEL

Preisgünstig und gemütlich. *10 Zi. | Linnankoskenkatu 1–3 | Tel./Fax 019/523 00 12 | www.porvoohostel. cjb.net | €*

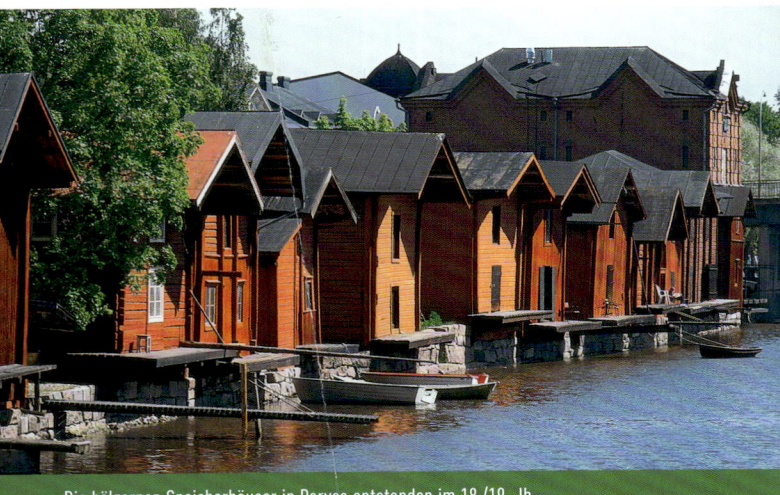

Die hölzernen Speicherhäuser in Porvoo entstanden im 18./19. Jh.

## HOTEL SPARRE

Zentral gelegenes, freundliches Hotel mit hellen Zimmern. *40 Zi. | Piispankatu 34 | Tel. 019/58 44 55 | Fax 58 44 65 | www.avainhotellit.fi | €€*

### ■ AUSKUNFT ■

## STÄDTISCHES TOURISTENBÜRO

*Rihkamakatu 4 | Tel. 019/520 23 16 | Fax 520 23 17 | www.porvoo.fi*

### ■ ZIELE IN DER UMGEBUNG ■

*Insider Tipp*

## ASKOLA [120 C5]

Im Teilort Korttia (15 km) finden sich eiszeitliche Gletschermühlen, Höhlungen, die im Wasser mitgeführte Steine in den Fels geschliffen haben. Die größte hat einen Durchmesser von 4,2 m, ist 10,3 m tief.

## LOVIISA [120 C5]

Loviisa (8 000 Ew.), 38 km östlich von Porvoo, besticht mit neoklassizistisch-romantischem Stadtkern, dem Altstadtviertel mit seinen Holzhäusern und dem maritimen Laivasilta gleich nebenan mit Bootsstegen. Restaurierte Lagerhäuser werden für Läden und Restaurants genutzt. Tipp: Ein Ausflug mit der Fähre zur Festungsinsel Svartholm. Auskunft: *Mannerheiminkatu 4 | Tel. 019/55 52 34 | Fax 53 23 22 | www.loviisa.fi*

# TURKU

[118 C4] **Keiner weiß genau, wann die älteste Stadt Finnlands gegründet wurde. So gilt die Erhebung zum Bischofssitz 1229 als Geburtsstunde Turkus.** Bis 1812 war Turku (175 000 Ew.) die Hauptstadt Finnlands. Von hier gehen Fährverbindungen nach Schweden und zu den Ålandinseln.

### ■ SEHENSWERTES ■

## BURG (TURUN LINNA) ★

Im Hafen, an der Mündung des Aurajoki, liegt die Burg, die größte Sehenswürdigkeit Turkus (älteste Teile stammen von 1280). Das Historische Museum in der Burg zeigt eine umfassende kulturhistorische Sammlung. *Mitte April–Mitte Sept. tgl. 10–18, Mitte Sept.–Mitte April Di–So 10–15 Uhr*

## DOM (TUOMIOKIRKKO)

Der spätromanische Backsteinbau (1300) ist die Hauptkirche der lutherischen Landeskirche *(tgl. 9–19 Uhr)*. Angeschlossen sind Dommuseum und (im Sommer) Domcafé.

## FORUM MARINUM

Zum Museum und Zentrum für Meeresforschung gehören auch historischen Schiffe wie „Suomen Joutsen", ein 1902 gebauter Frachtsegler, der Minensucher „Keihässalmi" oder der Dreimaster „Sigyn" (1878). *Linnankatu 72 | Okt.–April Di–So 10–18, Mai–Sept. tgl. 11–19 Uhr | www.forum-marinum.fi*

## HANDWERKSMUSEUM (LUOSTARINMÄEN KÄSITYÖLÄISMUSEO)

*Insider Tipp*

Einzigartiger historischer Stadtteil! Anhand von 30 Werkstätten sehen Sie, wie finnische Handwerker um 1800 gearbeitet haben, z.T. mit Vorführungen. *Vartiovuorenkatu 2 | Mitte April–Mitte Sept. tgl. 10–18, sonst Di–So 10–15 Uhr | www.turku.fi/museo*

## SIGHTSEEING PER BOOT

Eine besonders schöne Art der Stadtbesichtigung, vom Wasser aus: mit

# TURKU

der Flussfähre Pikkuföri über den Aurajoki, vom Marktplatz zum Forum Marinum und zurück *(mehrere Haltestellen | Juni–Aug. 11–19 Uhr).*

## ■ ESSEN & TRINKEN ■
### ENKELIRAVINTOLA
In der künstlerisch-kitschigen Atmosphäre des „Engelrestaurants" schmeckt's einfach himmlisch. *Kauppiaskatu 16 | Tel. 02/231 80 88 | www.enkeliravintola.fi | €€–€€€*

### PARK HOTEL
Kleines Jugendstilhaus von 1902 mit antiken Möbeln eingerichtet. *21 Zi. | Rauhankatu 1 | Tel. 02/273 25 55 | Fax 251 96 96 | www.parkhotelturku. fi | €€€*

## ■ FREIZEIT & SPORT ■
### ABENTEUERPARK KUPITTAA ▶▶
Grüne Stadtoase mit viel Raum für Aktivitäten von Skaten bis Ballsport *(www.turku.fi/seikkailupuisto).*

Im Hafen von Turku starten die Schiffe regelmäßig zu Schären-Rundfahrten

### PANIMORAVINTOLA KOULU
Das größte Brauereirestaurant Finnlands mit exzellenter Küche und mehreren urigen Kneipen residiert im witzig-nostalgischen Schulambiente. *Eerikinkatu 18 | Tel. 02/274 57 57 | €€*

## ■ ÜBERNACHTEN ■
### CENTRO HOTEL 🔊
Zentral, ruhig, tolles Frühstücksbüfett. *70 Zi. | Yliopistonkatu 12a | Tel. 02/469 04 69 | Fax 469 04 79 | www. centrohotel.com | €€*

## ■ AUSKUNFT ■
### TURKU TOURING 🔊
*Aurakatu 4 | Tel. 02/262 74 44 | Fax 262 76 79 | www.turkutouring.fi*

## ■ ZIELE IN DER UMGEBUNG ■
### NAANTALI ⭐                    [118 B4]
Naantali (14 000 Ew.) ist ein mittelalterliches Kleinod mit hübschen Holzhäusern, sehr beliebt als Kurort und Sommerfrische (17 km). Die alten Katen und Blockhäuser der Altstadt stehen fast alle unter Denkmal-

schutz, der Bootshafen im Süden der Altstadt wird von hübschen Restaurants und Biergärten gesäumt. Lohnender Wellness-Abstecher: das *Naantali Spa* mit Saunas, Dampfbädern, 5 Pools *(im Spa Hotel | 86 Zi. | Matkailijantie 2 | Tel. 02/4 45 50 | www.naantalispa.fi | €€€).*

### RUISSALO 📶 [118 C4]
Die Freizeitinsel (5 km) mit 800 ha ist ideal zum Baden, Campen, Wandern, Rad fahren. Laut geht es beim jährlichen *Ruisrock-Festival* im Juli zu – in erster Linie spielen hier Hardrock- und Metal-Bands *(www.ruisrock.fi).* Bus 8 vom Marktplatz

### SCHÄREN-RUNDFAHRTEN [118 B–C4]
Die vielen Inseln bzw. Schären vor Turku sind durch Brücken und Fähren auch für Autofahrer gut erschlossen. Schön sind auch die Bootsfahrten vom Fluss Aurajoki aus. Auskunft bei der Turku Touring oder *www.saaristo.org*

# VAASA

[119 F1] **An der engsten Stelle des Bottnischen Meerbusens entstand 1606 Vaasa. Nach einem Großbrand 1852 wurde die Stadt direkt an der Küste wieder aufgebaut.** Heute ist sie eine betriebsame Hafen- und Industriestadt (57 000 Ew.). Dank mehrerer Fachhochschulen, einem Designzentrum und einer Universität ist Vaasa eine der wichtigsten Ausbildungsstätten des Landes.

### ■ SEHENSWERTES
#### KUNSTHALLE TIKANOJA
Eine der bedeutendsten Sammlungen finnischer Gegenwartskunst, dazu internationale Klassiker des 19./20. Jhs. (Pablo Picasso, Paul Gauguin). *Hovioikeudenpuistikko 4 | Di–Sa 11–16, So 12–17 Uhr | www.tikanojantaidekoti.fi*

#### OSTROBOTHNIA MUSEUM UND TERRANOVA-KVARKEN NATURZENTRUM
Sammlung zur Stadtgeschichte von Vaasa (Modell von Alt-Vaasa) und zur regionalen Kultur. Das Naturzentrum macht vertraut mit der Wunderwelt der Schärenküste. *Museokatu 3 | Di–Fr 10–17 (Mi bis 20), Sa/So 12–17 Uhr | www.museo.vaasa.fi, www.terranova.vaasa.fi*

#### STUNDARS HANDWERKERDORF
Das 1965 eröffnete Künstlerdorf in Korsholm besteht aus 60 Gebäuden, darunter ein Bauernhof (18./19. Jh.), Werkstätten, Läden, eine Schule. *Mitte Juni–Mitte Aug. tgl. 12–18 Uhr | www.stundars.fi*

### ■ ESSEN & TRINKEN
#### GOURMET-RESTAURANT BACCHUS
Küche der Extraklasse, großer Weinkeller, Mitglied bei „Chaîne des Rôtisseurs". *Strandgatan 4 | Tel. 06/317 34 84 | www.bacchus.fi | €€€*

### ■ ÜBERNACHTEN
#### HOTEL FENNO
Ruhiges Familienhotel auf grüner Stadtinsel. *60 Zi. | Niemeläntie | Tel. 06/324 15 00 | Fax 324 15 01 | www.hotelfenno.com | €€*

### ■ AUSKUNFT
#### STÄDTISCHES TOURISTENBÜRO
*Kaupungintalo (Stadthaus) | Tel. 06/325 11 45 | Fax 325 36 20 | www.vaasa.fi*

# > BLAU UND GRÜN –
# WIE AUF DER LANDKARTE

Rund um den Saimaa und andere Seen warten Tausende
Sommerhäuschen auf Entspannung suchende Urlauber

> **Viele Gäste verbringen zumindest einen
Teil ihrer Ferien in der Seenregion. Sie
wollen einen Urlaub machen, der typisch
finnisch ist: Nichtstun in einem kleinen
Holzhaus im Wald, an einem See.**

In der absoluten Ruhe der Natur können Sie ganze Bücherstapel lesen, Ihr
Trinkwasser direkt aus einem See
schöpfen, ausprobieren, was man aus
frischen Fischen, Pilzen und Beeren
für tolle Gerichte zaubern kann. Ru-
dern, angeln, radeln – dafür bietet das
Seengebiet die ideale Kulisse. In fast
jedem Dorf findet sich ein kleiner
Hafen mit Bootsverleih. Abwechs-
lung bieten Ausflüge in die nächste
Stadt oder über Land. Opernfestspiele, Volksfeste, Museen, Holzkir-
chen und Nationalparks erwarten Sie.
Wie wäre es mit einer Reise entlang
der „Grünen Kulturstraße" (Infos bei
den Tourismuszentralen) von Mänty-
harju über Mikkeli und Savonlinna
nach Punkaharju?

Bild: Am Ufer des Päijänne-Sees bei Jyväskylä

# SEEN FINNLAND

## JYVÄSKYLÄ

**[120 C2] Die Hauptstadt Mittelfinnlands hat ein junges Gesicht. Über ein Drittel der 81 000 Einwohner sind Studenten oder Schüler.** Freunde moderner finnischer Architektur finden in Jyväskylä gleich 30 Gebäude des Meisters Alvar Aalto, der mit seiner Handschrift das Stadtbild geprägt hat.

Eine große Rolle spielt hier auch der Sport. Am Ausläufer des zweit-größten, aber längsten und tiefsten finnischen Sees, des *Päijänne,* gelegen, ist Jyväskylä natürlich ein hervorragender Ort für Wassersport aller Art. Neben großen Motorbootrennen ist die Stadt auch bekannt für internationale Motorsport-Rallyes.

### ■ SEHENSWERTES ■

**ALVAR-AALTO-MUSEUM** ★
Es enthält neben Skizzen, Fotos und Modellen von Aaltos Werken auch

Möbel und andere Gegenstände, die der Allroundkünstler entworfen hat. Das Museum ist nach seinen Plänen gebaut worden. *Alvar Aallonkatu 7 | Di–So 11–18 Uhr | www.alvaraalto.fi*

### GEBÄUDE VON ALVAR AALTO

Das Verwaltungs- und Kulturzentrum, das Arbeiterhaus und das Stadt-

Möbelklassiker und mehr im Alvar-Aalto-Museum von Jyväskylä

theater stammen von Alvar Aalto. V. a. aber die Gebäude der Universität zeigen die Aalto-typischen Materialien Ziegel, Holz und Glas. In Jyväskylä verbrachte Aalto seine Jugend und eröffnete 1923 sein erstes Büro. Verzeichnis der Gebäude Aaltos beim Tourismusbüro.

### HARJU ❋

„Landrücken" nennen die Einheimischen einen kleinen Park mit Spazierwegen, von dessen Wasserturm Sie eine schöne Aussicht auf Stadt und See haben. *Nördl. der Yliopistonkatu*

### MUSEUM FÜR HANDWERK UND KUNSTGEWERBE FINNLANDS (SUOMEN KÄSITYÖN MUSEO)

In Verbindung mit dem Trachtenzentrum Finnland und gutem Museumsladen. Sie dürfen auch selbst flechten, schnitzen, filzen. *Kauppakatu 25 | Di–So 11–18 Uhr | www.jkl.fi/museo*

### MUSEUM MITTELFINNLANDS (KESKI-SUOMEN MUSEO)

Hier erfahren Sie alles über die Geschichte dieser Region, außerdem sind die Einrichtungen von typischen Handwerkerkaten und Arbeiterwohnungen zu sehen. *Alvar Aallonkatu 7 | Di–So 11–18 Uhr, Fr freier Eintritt*

## ■ ESSEN & TRINKEN ■

### RAVINTOLA ALBA ❋

Das Essen genießen und die Aussicht auf den See Jyväsjärvi. *Ahlmaninkatu 4 | Tel. 014/63 63 11 | €–€€*

## ■ EINKAUFEN ■

### MARKT

Der Markt mit Spezialitäten und schönen Beispielen des traditionellen Handwerks (unterhalb des *Harju*, neben dem Busbahnhof) findet *Mo–Sa 7–14 Uhr* statt; Markthalle *Mo–Fr 8–15 und Sa 8–14 Uhr.*

## ■ ÜBERNACHTEN ■

### AMIS

Das preiswerte Hotel am Harju-Park ist nur im Sommer geöffnet *(Juni–*

*Mitte Aug). 98 Zi. | Sepänkatu 3 | Tel. 014/443 01 00 | Fax 443 01 21 | www.hotelliamis.com | €*

### HOTEL MILTON

Kleines, familiengeführtes Hotel in Zentrumslage mit freundlicher Atmosphäre. *38 Zi. | Hannikaisenkatu 29 | Tel. 014/337 79 00 | Fax 63 19 27 | www.hotellimilton.com | €€–€€€*

### ■ AUSKUNFT ■

**FREMDENVERKEHRSDIENST** 〰

*Asemakatu 6 | Tel. 014/62 49 03 | www.jyvaskylaregion.fi/travel*

### ■ ZIELE IN DER UMGEBUNG ■

#### HEINOLA                    [120 C4]

An Heinola (21 000 Ew.), 130 km entfernt von Jyväskylä, schätzen Naturfreunde besonders den gepflegten Park am Kymi-Fluss und den *Vogelgarten* in der Ainonkatu 3. Sehenswert sind das *Stadtmuseum* und ☀ die *Aussicht vom Wasserturm* (Café und Orchideenausstellung). Übernachten können Sie im *Kumpeli (120 Zi. | Muonamiehenkatu 3 | Tel. 03/812 71 00 | Fax 812 74 44 | €€),* nett essen im Café-Restaurant *Valentina* am Marktplatz *(Savontie 7 | Tel. 03/715 45 58 | €–€€).* Auskunft: *Heinola Info | Kauppakatu 12 | Tel. 03/849 36 15 | Fax 849 33 91*

#### LUFTFAHRTMUSEUM MITTEL-FINNLANDS (KESKI-SUOMEN ILMAILUMUSEO)          [120 C2]

Die umfangreiche Sammlung alter Flugzeuge, Zubehör und Modelle dokumentiert die Geschichte der finnischen Luftfahrt und Luftwaffe. *Tikkakoski | Tel. 014/375 21 25 | tgl. 11–17 Uhr; Juni–Mitte Aug. 10–20 Uhr | www.k-silmailumuseo.fi*

#### MIKKELI                   [121 D4]

Der Bischofssitz (46 500 Ew., 116 km), 1838 zur Stadt erhoben, ist Hauptstadt der Provinz Ostfinnland. Während dreier Kriege befand sich hier Marschall Mannerheims Hauptquartier – sehenswert für diejenigen, die sich für die politische Geschichte des Landes interessieren *(Päämajamuseo | Päämajankuja 1–3 | Tel. 015/194 24 27 | Mitte Mai–Aug tgl. 10–17, sonst Fr–So 10–17 Uhr).* Sehenswert sind außerdem der *Nais-*

# MARCO POLO HIGHLIGHTS

★ **Alvar-Aalto-Museum**
Werkschau des bekanntesten finnischen Architekten in Jyväskylä (Seite 59)

★ **Uusi-Valamo**
Das Kloster bietet Einblicke in Leben und Glauben der Orthodoxie (Seite 64)

★ **Stromschnellen**
Schauspiel von ungebändigter Wasserkraft, musikalisch untermalt (Seite 67)

★ **Olavinlinna**
Mittelalterliche Burg mit Opernbühne in Savonlinna (Seite 69)

★ **Punkaharju**
Ein Stück Bilderbuchfinnland und ein spektakuläres Kunstmuseum (Seite 71)

★ **Silberlinie (Hopealinja)**
Schiffsausflüge durch herrliche Landschaft (Seite 75)

*vuori* (Frauenberg) mit ⚜ Aussichtsturm und Freilichtbühne, der *Dom* im Park Ristimäki und das älteste erhaltene Gebäude in Savo, die *Steinsakristei*. Ein Ausflug führt zum alten **Pfarrhof Kenkävero** *(Pursialankatu 6)*: ländliche Idylle, herrliche Gärten, Kunsthandwerk und gutes Restaurant.

Mikkeli hat einen bunten Markt, auf dem man oft Roma in prächtiger Kleidung sieht. Eine gute Unterkunft finden Sie im *Sokos Hotel Vaakuna (114 Zi. | Porrassalmenkatu 9 | Tel. 015/202 01 | Fax 202 04 21 | €€€)*. Schlafen und hervorragend speisen kann man in der Gutshofatmosphäre von *Tertin Kartano (Straße 5 Richtung Varkaus | Tel. 015/339 09 00 | €€)*. Auskunft: *Matkailuneuvonta Mikkeli | Porrassalmenkatu 23 | Tel. 010/826 02 46 | Fax 826 46 19 | Mo–Fr 9–17, Juni–Aug. auch Sa 10–15 Uhr | www.travel.mikkeli.fi*

## MUURAME       [120 C2]

Historisch schwitzen können Sie in einer der 30 Saunen des *Saunamuseums Muurame* 15 km südlich von Jyväskylä. Die lange Tradition finnischer Saunen wird hier auf einen Blick dargestellt. *Juni–Aug. Di–So 10–18 Uhr | www.muurame.fi/saunakyla*

# KUOPIO

[121 D1] **Obwohl Kuopio (90 000 Ew.) schon im 17. Jh. gegründet wurde und bereits 1782 vom schwedischen König Gustav III. die Stadtrechte erhielt, hat es ein eher modernes Gesicht, ist Regionalzentrum und Bischofssitz.** Die Kombination aus Verwaltungszentrum, Verkehrs- und Handelsknotenpunkt in günstiger Lage (Seenschifffahrt) sowie einer Universität und vielen Touristen machen Kuopios wirtschaftliche Stärke aus. Leider mussten viele der alten Holzhäuser weichen und im Zentrum neueren Gebäuden Platz machen. Einen Eindruck von Alt-Kuopio bekommen Sie im Freilichtmuseum.

## ■ SEHENSWERTES ■

### BOTANISCHER GARTEN (MARIKKO)

Der Botanische Garten erstreckt sich hinter der Universität, direkt an einer Seitenbucht des Kallavesi-Sees. *Mai–Sept. Mo–Fr 8–15 Uhr*

### FREILICHTMUSEUM ALT KUOPIO (KUOPION KORTTELIMUSEO)

Da viele der alten Holzhäuser Kuopios neuen Gebäuden weichen mussten, hat man einen Häuserblock der alten Architektur stehen lassen. Hier bekommen Sie einen Eindruck des alten Stadtbildes. Einige Häuser stammen noch aus dem 18. Jh. Führungen, spannende Geschichten, im Sommer lebendiges Handwerk. *Kirkkokatu 22 | Di–Fr 10–15, Sa/So 10–16, Mitte Mai–Aug. Di–So 10–17 Uhr | www.korttelimuseo.fi*

### MARKTPLATZ (KAUPPATORI)

Zur Marktzeit sollten Sie unbedingt über den großen Platz in der Stadtmitte schlendern. Hier werden Sie neben Lebensmitteln, Handwerk und Souvenirs den legendären *kalakukko* (Fisch und Fleisch im Brotteig) finden. Einen Abendmarkt gibt es übrigens im Passagierhafen östlich der Stadtmitte. Gleich neben dem Marktplatz steht die schöne Jugendstilhalle. *Markt: Mo–Fr 7–15, Sa 7–14, im Sommer Mo–Fr 7–17, Sa 7–15 Uhr; Markthalle: Mo–Fr 8–17, Sa 8–15*

*Uhr*: Gut zum Einkaufen auch die Passage *Pikku Pietari* (Puistokatu) und das *Weingut Alahovi* (Insel Vaajasalo).

### ORTHODOXES KIRCHENMUSEUM (SUOMEN ORTODOKSINEN KIRKKOMUSEO)

Man verlässt das Zentrum nordwestlich und findet das Museum gleich nach der Eisenbahnüberführung. Es enthält eine in Westeuropa einmalige Sammlung von Kirchenschätzen (Ikonostasen, liturgische Textilien). *Karjalankatu 1 | Mai–Aug. Di–So 10–16, sonst Mo–Fr 12–15, Sa/So 12–16 Uhr | www.ort.fi/kirkkomuseo*

### PUIJO ✁

Puijo heißt ein Berg nördlich von Kuopio. Diese Seltenheit in der flachen süd- und mittelfinnischen Landschaft wird gleich mehrfach genutzt; am bekanntesten ist sicherlich der Aussichtsturm *(75 m | Di–Sa 11–22, Mai–Aug. Mo–Sa 11–22, Juli auch So 12–19 Uhr).* Von ihm haben Sie eine phantastische Sicht über die typische Seenlandschaft, am besten zum Sonnenuntergang. Im Winter bietet der Berg Abfahrts- und Langlaufmöglichkeiten sowie Sprungschanzen, teils auch Sommerbetrieb.

### ■ ESSEN & TRINKEN ■

### ISÄ CAMILLO

Genießen in ehemaligen Bankgewölben. Guter Service. *Kauppakatu 25–27 | Tel. 017/581 04 50 | €€*

### PUIJON TORNIRAVINTOLA ✁

In dem Drehrestaurant im Aussichtsturm kann man bei herrlicher Aussicht genussvoll speisen. *Puijontie | Tel. 017/255 52 55 | €€–€€€*

**Straßenmusiker gehören zum Markt von Kupio wie die Blumen- und Souvenirstände**

# KUOPIO

## ■ ÜBERNACHTEN ■

### HOTEL ATLAS 🔊

Das freundliche Stadthotel in denkmalgeschütztem Haus liegt direkt am Marktplatz. *50 Zi. | Haapaniemenkatu 22 | Tel. 017/211 21 11 | Fax 211 21 03 | www.hotelliatlas.com | €€€*

### LOKKI SOMMERHOTEL

Ein recht neues Hotel mit hellen und freundlichen Zimmern, alle mit Kitchenette, günstig beim Passagierhafen gelegen. *60 Zi. | Satamakatu 26 | Tel. 017/261 41 01 | Fax 261 41 06 | €–€€*

## ■ AUSKUNFT ■

### KUOPIO TOURIST SERVICE

*Haapaniemenkatu 17 | Tel. 017/18 25 84 | www.kuopioinfo.fi*

## ■ ZIELE IN DER UMGEBUNG ■

### HEINÄVESI 🔊     [121 E2]

Heinävesi 174 km südöstlich von Kuopio ist bekannt als Ausgangspunkt für Besuche in die nahe gelegenen orthodoxen Klöster ⭐ *Uusi-Valamo* (Mönche) und *Lintula* (Nonnen) bei Palokki. Im Juli führt eine Schifffahrtslinie zwischen beiden Klöstern durch die schleusenreiche Verbindung zwischen den Seen Suvasvesi und Juojärvi. Strahlendes Weiß, goldene Kuppeln, orthodoxe Gottesdienste, Ruhe, herrliche Natur, russische Teestunde – wunderbar! Unterkünfte: *Hotel Heinävesi | 26 Zi. | Askeltie 2 | Tel. 017/56 24 11 | Fax 56 24 61 | €€; Valamon Luostari Hotelli (beim Kloster Valamo) | 29 Zi. | Valamontie 42, Uusi-Valamo | Tel. 017/57 01 11 | Fax 570 15 10 | €–€€.* Wer gut essen möchte, geht ins *Trapesa (€€)* beim Kloster Valamo. Auskunft: *Heinävesi Tourist Information | Kermanrannantie 7 | Tel. 017/578 12 59 | Fax 578 12 80 | www.heinavesi.fi*

### IISALMI     [123 E5]

Iisalmi, die nördlichste Stadt des Saimaa-Seengebiets (22 000 Ew., 84 km von Kupio), glänzt mit dem *Karelisch-orthodoxen Kulturzentrum Evakko* mit Museum, Restaurant (herrliche Glasfenster und Malereien) und Herberge für das müde Haupt *(Artos | 28 Zi. | Kyllikinkatu 8 | Tel.*

## ❯ MÜCKEN & CO.
### Plagegeister zwischen Mythos und Realität

Es gibt sie. Und lästig sind sie auch, die Mücken, Bremsen, Stech- und Krabbeltiere des Sommers, die es scheinbar speziell auf touristische Körper abgesehen haben. *Ötokät* ist ein Sammelname für dieses Kleingetier. Er ziert Insektenvorhänge, Fliegenklatschen und Abwehrmittel. Es gibt Problemgegenden und Problemzeiten: Stehende Gewässer und sumpfiges Gelände werden von ihnen bevorzugt, ebenso schattiges Unterholz bei Hitze. Aggressiv sind sie auch zu bestimmten Perioden ihres Entwicklungszyklus. Aber wo ein kleines Lüftchen weht, in felsigem und locker bewachsenem Terrain relativiert sich das Problem schnell. In Siedlungen und Städten ohnehin. Ansonsten helfen bewährte finnische Mittel aus der Apotheke oder spezielle Räucherspiralen.

*017/81 22 44 | €€).* Ebenfalls sehens-
wert: das schön gelegene *Juhani-Aho-
Museum* zum Wohnen und Leben des
Schriftstellers. Ein Unikum ist das
Insider Tipp kleinste Restaurant der Welt: Es
misst 3,6 m², hat zwei Sitzplätze und
eine Terrasse (€). Auskunft: *Iisalmi
Tourist Service | Kauppakatu 14
(Markthalle) | Tel. 017/272 32 23 |
www.iisalmi.fi*

## PIEKSÄMÄKI [121 D2]

In der 113 km südlich gelegenen
Kleinstadt lohnt sich ein Stopp für das
*Puppenmuseum* und die ✺ Aus-
sichtsplattform des *Wasserturms,* für
das *Kulturzentrum Poleeni* und das
*Café Pieksäntalo* im Holzhaus. Gut
zum Übernachten und zum Essen: *Sa-
vonsolmu (94 Zi. | Toikantie 9 | Tel.
015/223 50 | Fax 223 54 00 | €€–€€€)*
an. Auskunft: *Torikatu 7 | Tel. 044/
588 22 19* und *Kulturzentrum Poleeni
(Savontie 13 | Tel. 958/29 14 35).*

## RAUHALAHTI [121 D1]

Nur 5 km südlich liegt das Touristenzentrum Rauhalahti. In einem
alten Herrenhaus werden Kunsthand-
werksausstellungen organisiert. Angeschlossen sind ein Hotel mit tropi-
schem Bad *(Sininen laguuni)* und ein
Campingplatz.

## SCHIFFSAUSFLÜGE [121 D1]

Vom Hafen Kuopios aus können Sie
zahlreiche Schiffsausflüge machen,
auf einem alten Dampfschiff oder im
modernen Boot. Einer der schönsten
Ausflüge ist im Sommer die zwölf-
stündige Fahrt über das Seenlaby-
rinth, durch die alten Kanäle und
Schleusen der Heinävesi-Route mit
Insider Tipp der M/S Puijo (Übernachtungsmög-

lichkeit) von Kuopio nach Savonlinna *(www.roll.fi).*

## VARKAUS [121 D2]

75 km südlich von Kuopio gelegen,
ist Varkaus mit 24 000 Ew. ein wich-
tiges Industriezentrum. Sehenswert

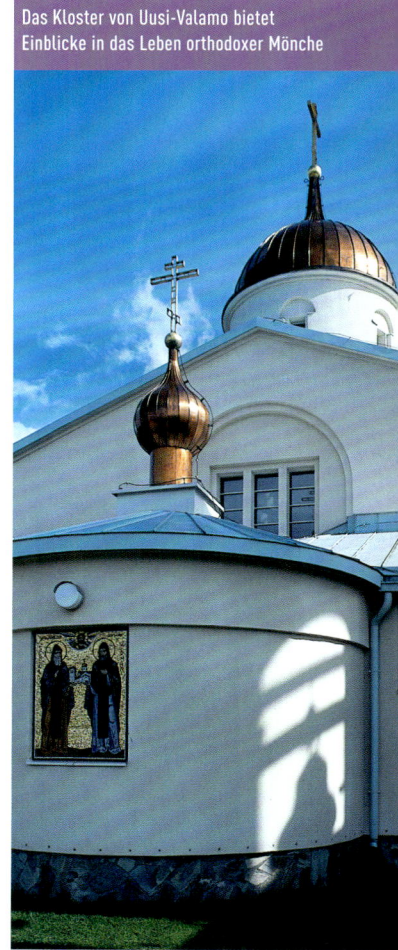

Das Kloster von Uusi-Valamo bietet
Einblicke in das Leben orthodoxer Mönche

ist der ✂ *Wasserturm* mit seiner Aussichtsplattform, der gleichzeitig Wohnhaus ist. In der *Stadtkirche* finden Sie das größte Altarfresko Finnlands. Einzigartig ist das **Museum für mechanische Musik**: Vom Akkordeon bis zum Orchestrion für eine 75-köpfige Kapelle sind 250 Musikautomaten zu bewundern *(Pelimanninkatu 8 | Juni Do–So 11–18, Juli tgl. 11–18, sonst Di–Sa 11–18 Uhr | www. mekaanisenmusiikimuseo.fi)*. Unterkunft: *Hotel Scandic Oscar (66 Zi. | Kauppatori 4 | Tel. 017/57 90 11 | Fax 579 05 00 | €€).*

**Insider Tipp**

# LAPPEEN-RANTA

[121 E4] Lappeenranta (59 000 Ew.), auch „Stadt der Linden" genannt (1800 Linden säumen die Straßen), wurde bereits 1649 von Königin Christina von Schweden gegründet. Doch aus dieser Zeit finden sich keine Gebäude mehr, da der Ort 1741 von den Russen zerstört wurde. Seit 1856 verbindet der heute 43 km lange Saimaa-Kanal Lappeenranta mit der Ostsee; so ist die Stadt der wichtigste Binnenhafen Finnlands. Lappeenranta liegt dicht an der Grenze zu Russland, eine Straßen- und eine Eisenbahnlinie überschreiten dort die Grenze, ebenso wie der Saimaa-Kanal, der durch russisches Gebiet führt, ehe er die Ostsee erreicht. Der Kanal ist 1968 von der damaligen UdSSR wieder an Finnland verpachtet worden. Vieles deutet auf die Nähe zu Russland: Die Kultur des Landstrichs Südkarelien unterscheidet sich deutlich von der anderer finnischer Provinzen. Auch hat die orthodoxe Kirche hier großen Einfluss.

## ■ SEHENSWERTES

### FESTUNG (LINNOITUS)

Der älteste Teil der Stadt, *Linnoitus,* liegt auf der Halbinsel *Linnoitus-niemi* (schöne Spazierwege mit Blick

Kunsthistorische Rarität: die Doppelkreuzkirche Lappeen kirkko

auf den Hafen). Hier findet sich eine Festung aus dem 18. Jh. mit z.T. rekonstruierten Wällen. Innerhalb der Festung steht die älteste orthodoxe Kirche Finnlands (1785). Außerdem sehenswert: das *Südkarelische* und das *Kunstmuseum* sowie kunsthandwerkliche Läden und Galerien *(www.ekarjala.fi/museot)*.

### LAPPEE-KIRCHE (LAPPEEN KIRKKO)
Im Zentralpark steht die Holzkirche von 1794. Sie wurde als so genannte Doppelkreuzkirche erbaut (mit Sommercafé im Glockenturm). *Ecke Valtakatu/Kirkkokatu*

### RATHAUS (RAATIHUONE)
Mit seinem charakteristischen Uhrturm ist das Holzgebäude zum Wahrzeichen Lappeenrantas geworden. Es wurde 1829 nach Plänen von C.L. Engel gebaut. *Ecke Kauppakatu/Raastuvankatu*

### HAUSMUSEUM WOLKOFF (WOLKOFFIN TALOMUSEO)
Typisches Wohnhaus (1826) einer reichen orthodoxen Kaufmannsfamilie. *Kauppakatu 26 | Juni–Aug. Mo–Fr 10–18, Sa/So 11–17 Uhr; Sept.–Mai Sa/So 11–17 Uhr*

### SÜDKARELISCHES MUSEUM (ETELÄ-KARJALAN MUSEO)
Untergebracht in einem Speicherhaus der Festung, zeigt es die Kulturgeschichte Südkareliens, Wissenswertes über die Bewohner dieses Landstrichs, Trachten, kirchliche Kunstschätze, Waffen und die Stadtgeschichte. *Kristiinankatu | Juni–Aug. Mo–Fr 10–18, Sa/So 11–17, Sept.–Mai Di–So 11–17 Uhr*

## ESSEN & TRINKEN

### KAHVILA MAJURSKA
**Insider Tipp**
Nostalgisches Café auf Linnoitus, wo sich einst die jungen Offiziere mit ihren Herzdamen trafen. Üppiges Kuchenbüfett. *Tel. 05/453 05 54*

### PRINSESSA ARMAADA
Vom Restaurantschiff (mit Pub) im Hafen bietet sich eine schöne Aussicht über den Saimaa-See. Fisch- und Hähnchengerichte. *Passagierhafen | Tel. 05/451 33 76 | €*

## ÜBERNACHTEN

### CUMULUS LAPPEENRANTA
Dicht beim alten Zentrum der Stadt gelegen. *95 Zi. | Valtakatu 31 | Tel. 05/67 78 11 | Fax 677 82 99 | www.cumulus.fi | €€*

### HUHTINIEMI
In der Ferienanlage 2 km vom Zentrum gibt es verschiedene preisgünstige Übernachtungsmöglichkeiten, vom Finnhostel über die Hütte bis zum Appartement. *Kuusimäenkatu 18 | Tel. 05/451 55 55 | Fax 05/451 55 58 | www.huhtiniemi.com | €–€€*

## AUSKUNFT

### STÄDTISCHES TOURISTENBÜRO UND LAPPEENRANTA TOURIST SERVICE
*Kievarinkatu 1 (beim Marktplatz) | Tel. 05/66 77 88 | Fax 667 78 40 | www.gosaimaa.fi*

## ZIELE IN DER UMGEBUNG

### IMATRA                    [121 E4]
Das Wasser hat Imatra (30200 Ew., ca. 45 km von Lappeenranta) bekannt gemacht: Heute kann man die berühmten ★ *Stromschnellen* in ei-

ner Schlucht mit 18 m Gefälle allerdings nur noch abends *(Mitte Juni–Mitte Aug. um 19 Uhr)* je für eine halbe Stunde anschauen. Denn das Gefälle des Flusses Vuoksi wird seit 1929 von Finnlands größtem Kraftwerk (kann besichtigt werden) genutzt. Nebenan liegt Finnlands ältester *Naturpark*, den Zar Nikolaus I. 1842 begründet hat. Ein beschilderter Weg führt durch den Park. Übernachten können Sie im *Scandic Hotel Imatran Valtionhotelli,* das Zimmer in einem Jugendstilschlösschen anbietet *(92 Zi. | Torkkelinkatu 2 | Tel. 05/625 20 00 | Fax 625 22 99 | €€€).* Auskunft: *Heikinkatu 1 | Tel. 020/495 25 00 | Fax 05/437 77 27 | www.travel.imatra.fi*

### PARIKKALA                    [121 E3]

Die 6000-Ew.-Gemeinde liegt 90 km von Lappeenranta reizvoll am See Simpelejärvi. Das gut 5 km² umfassende *Naturschutzgebiet Siikalahti* gilt als international bedeutendes Feuchtbiotop und als Paradies für über 70 Vogelarten. Herrliche Wege z.T. über Holzbohlen durch Schilf und Sumpf. Rustikal-karelisches Ambiente im Restaurant/Hotel *Kägöne (6 Zi. | Kuutostie | Tel. 05/47 03 71 | Fax 43 05 40 | €€).* Auskunft: *Städtisches Tourismusbüro | Harjukuja 6 | Tel. 05/686 11*

*Insider Tipp*

### RISTIINA                     [121 D3]

Wenn man von Ristiina (86 km) Richtung Suurlahti–Puumula fährt (Straße Nr. 4323), kommt man nach 20 km in den Weiler *Toijola.* Das *Bauernhofmuseum* befindet sich seit 1672 im Besitz einer Familie. Die 28 Gebäude sind an ihrem Original-

standort erhalten. So sehen Sie ein vollständiges Gehöft, das in Teilen 200 Jahre alt ist.

2 km weiter kommen Sie an 3000–4000 Jahre alten *Felsmalereien* vorbei. Die rund 60 Motive befinden sich auf einem Strand des Saimaa-Sees, der am Strand des Saimaa-Sees, der am *Astuvansalmi-Enge* aus dem Wasser ragt *(vom Parkplatz noch 3 km zu Fuß).*

### SCHIFFSAUSFLÜGE

Sie haben die Wahl: Kreuzen auf dem Saimaa-See, Fahrten auf dem Saimaa-Kanal bis zur Schleuse Mälkiä oder weiter den Kanal entlang bis ins heute russische *Vyborg* [121 E5] (rechtzeitig nach aktuellen Einreisebestimmungen fragen).

### YLÄMAA                       [121 E4]

Die Gemeinde 30 km südlich von Lappeenranta nennt sich „Ort der schönen Steine" – der Spektrolithfunde und Verarbeitung wegen. Der in allen Spektralfarben schillernde Schmuckstein wird im Edelsteindorf geschliffen und verkauft, das *Edelsteinmuseum (Tel. 020/495 90 22)* informiert über die Geschichte, zeigt aber auch anderes edles Gestein. Im Juni internationale Edelsteinmesse. Auskunft: *Tourismusinformation | Kunnanvirasto | Tel. 020/495 90 14 | www.ylamaa.fi*

# SAVONLINNA

[121 E3] **Obwohl die Stadt nicht gerade groß (27 600 Ew.) ist, ist Savonlinna sehr bekannt. Das hat mehrere Gründe:** Das jährliche Opernfestival (Ende Juli) hat Weltruf erlangt, die Burg Olavinlinna, malerisch im See gelegen, ist

Die Burg Olavinlinna ist die am besten erhaltene Festung Skandinaviens

die besterhaltene mittelalterliche Festung Nordeuropas und Schauplatz der Opernfestspiele. Drittens: Seine Lage hat das Städtchen zu einem Mekka der Wassersporturlauber gemacht. Außerdem ist Savonlinna geschätzt als idealer Ort für Hütten- und Bauernhofurlaub mit Seeblick.

Während der Festspiele *(www. operafestival.fi)* platzt die Stadt aus allen Nähten, bis zu 70 000 Besucher aus aller Welt sind keine Seltenheit. Einen Monat lang werden Opern aufgeführt (auch unter der Regie von international bekannten Künstlern und Dirigenten), es gibt konzertante Aufführungen und Konzertabende. Feine Shops und Cafés liegen auf dem Weg zur Burg, in der Linnankatu.

### ■ SEHENSWERTES ■
### BURG OLAVINLINNA ★
Sie wurde 1475 erbaut; die meisten heute noch sichtbaren Teile stammen aber aus dem 16.–18. Jh. Sowohl die Schweden als auch die Russen waren Herren der Burg. Der Hof wird heute als Opernbühne benutzt. Mehrere Säle dienen als Kongress- und Banketträume, auch ein historisches und ein orthodoxes Museum sind hier. *Anf. Juni–Mitte Aug. tgl. 10–18, sonst Mo–Fr 10–16, Sa/So 11–16 Uhr*

### HALBINSEL RIIHISAARI
Am Marktplatz ist der Hafen der traditionsreichen Saimaa-Ausflugs- und Linienschiffe. Weiter östlich am Strand entlang kommen Sie zur Halbinsel *Riihisari* mit dem gut bestückten Provinz-Museum (gegenüber der Burg). Dazu gehören restaurierte Schiffe, die früher Saimaa und Ostsee befuhren. In der Nähe des Museums *(Di–So 11–17, Juli–Mitte Aug. tgl. 11–19.30 Uhr)* wartet die urige Mittelalterschänke *Hilpeä Munkki (www.jarvisydan.com/munkki)*!

# SAVONLINNA

## ◼ ESSEN & TRINKEN ◼

### BRAUEREIRESTAURANT HUVILA 🔊

Anspruchsvolles Lokal am Wasser mit Terrasse, ideal für einen schönen Sommerabend. *Puistokatu 4 | Tel. 015/555 05 55 | €€–€€€*

### MAJAKKA

Maritimes Ambiente. Hier gehen auch die Einheimischen gern essen. *Satamakatu 11 | Tel. 015/53 14 56 | www.ravintolamajakka.fi | €€*

### KRISTILLINEN OPISTO

Das kirchliche Kurszentrum bietet gepflegte Unterkunft in verschiedenen Preis- und Komfortkategorien, von Hostel bis Appartement. *Opistokatu 1 | Tel. 015/57 29 10 | Fax 572 91 21 | www.sko.fi | €–€€*

## ◼ AUSKUNFT ◼

### SAVONLINNA TOURIST SERVICE

*Puistokatu 1 | Tel. 015/51 75 10 | www.savonlinnatravel.com*

Tief unter der Erde wartet die größte Kunstgalerie des Nordens: das Kunstzentrum Retretti

## ◼ ÜBERNACHTEN ◼

### FAMILIENHOTEL HOSPITZ 🔊

Sehr schön und stilvoll ist dieses Haus mit Gartenterrasse an der Straße, die zur Oper führt. Es gibt auch Familienzimmer. *Linnankatu 20 | Tel. 015/51 56 61 | Fax 51 51 20 | www.hospitz.com | €€€*

### SAVONLINNA OPERNFESTSPIELE

*Olavinkatu 27 | Tel. 015/47 67 50 | Fax 476 75 40 | www.operafestival.fi*

## ◼ ZIELE IN DER UMGEBUNG ◼

### KERIMÄKI                    [121 E3]

21 km von Savonlinna steht die größte *Holzkirche* der Welt (1847).

Sie bietet 3000 Personen Platz. Fahren Sie mit dem Mietboot zur *Insel Hytermä.* Hier residierte Heikki Häyrynen, Dorfsheriff und komischer Kauz, und hinterließ alte Holzspeicher, Windmühle und bizarre Skulpturen aus Mühlsteinen. Auskunft: *Handarbeitszentrum Taito (bei der Kirche) | Tel. 015/54 14 23*

### LINNANSAARI-PARK [121 E2–3]
Der Nationalpark (42 km nördl.) besteht aus 130 Inseln. Die geschützte Zone ist das Zuhause der seltenen Saimaa-Ringelrobbe. *Per Boot von Rantasalmi (Besucherzentrum Oskari | www.luontoon.fi) oder von Oravi aus.*

### PUNKAHARJU ⭐ [121 E3]
Das 22 km südöstlich von Savonlinna gelegene Dörfchen zeigt Finnland wie aus dem Bilderbuch. Man fährt über schmale eiszeitliche Landzungen praktisch mitten durch die Seenlandschaft. *Kunstzentrum Retretti:* Eines der außergewöhnlichsten Kunstpodien in Europa, Ausstellungen in unterirdischen, 25 m tief in Fels getriebenen Räumen, bizarre Kulisse für große Kunst *(Juni/Aug. tgl. 10–17, Juli tgl. 10–18 Uhr | Tel. 015/775 22 00 | www.retretti.fi).* In der Nähe: das sehenswerte *Forstmuseum Lusto (Juni/Aug. tgl. 10–19, Mai/Sept. 10–17, sonst Di–10-17 Uhr | www.lusto.fi).* Auskunft: *Punkaharju Tourist Information | Kauppatie 20 | Tel. 015/734 10 11*

### RAUHALINNA [121 E3]
Die Sommervilla am Ufer einer Halbinsel (16 km) wurde um 1900 von einem General der Zarenarmee im byzantinischen Stil errichtet.

# TAMPERE

[120 B3] **Tampere liegt an der Nahtstelle zweier Seen (Näsijärvi und Pyhäjärvi), dort, wo früher mal eine gefürchtete Stromschnelle war. Diese hat schon früh die Entwicklung von Industrie begünstigt.** Trotzdem ist Tampere (200 000 Ew.) keine eintönige Stadt. Industrie, Architektur und Natur bilden ein ausgewogenes Ganzes. Auch die Kultur kommt nicht zu kurz: Weit über die Landesgrenzen hinaus ist Tampere bekannt für Film- und Theaterfestivals.

## ■ SEHENSWERTES ■

### ARBEITERVIERTELMUSEUM (AMURIN TYÖLÄISMUSEOKORTTELI)
In über 30 original eingerichteten Heimen können Sie dem Arbeiterleben von 1880 bis in die 1970er-Jahre nachspüren. Es gibt einen Genossenschaftsladen, Werkstätten und ein nettes Café mit lokalen Spezialitäten. *Satakunnankatu 49 | Mitte Mai–Mitte Sept. Di–So 10–18 Uhr*

### DOMKIRCHE (TUOMIOKIRKKO)
Von Lars Sonck (Kallio-Kirche in Helsinki) im Stil der finnischen Nationalromantik 1907 erbaut.

### LENINMUSEUM (LENIN-MUSEO)
Lenin, Stalin und andere Genossen trafen sich hier 1905. Viel Material über Lenin und seine Beziehungen zu Finnland. *Hämeenpuisto 28 | Mo–Fr 9–18, Sa/So 11–16 Uhr*

### MARKTPLATZ KESKUSTORI
Hier stehen das Rathaus (1890), das Stadttheater, eine Holzkirche (1824) mit freistehendem Turm sowie die alte Markthalle.

### MUSEUMSZENTRUM VAPRIIKKI 🔊

Hier dreht sich alles um Stadtgeschichte: von Industrie und Technik bis zum Schuh- und zum Eishockeymuseum – kulinarische Entdeckungen inklusive. Jenseits der Stromschnellen geht es in der alten Finlayson-Baumwollfabrik weiter. *Veturiaukio 4 (Tampella-Gelände) | Di/Do–So 10–18, Mi 11–20 Uhr | www.tampere.fi/vapriikki*

### ORTHODOXE KIRCHE

Sie nimmt sich zwischen den vielen modernen Bauten der Stadt recht exotisch aus. 1899 erbaut, ist sie die einzige neobyzantinische Kirche in Nordeuropa mit den größten Kirchenglocken Finnlands.

### PYYNIKKI 🌿

Naherholungsgebiet westlich vom Zentrum auf einer der höchsten Mo-

---

ränen Finnlands mit herrlichem Blick über die Seenlandschaft. Gassen mit Holzhäusern *(pispala)*, Aussichtsturm und Freilichttheater.

## ■ ESSEN & TRINKEN ■

### ASTOR

Eine Perle unter den Restaurants von Tampere. Hauptsächlich regionale Produkte wie Wild und Fisch. Jeden Abend Musik. *Alexis Kiven Katu 26 | Tel. 03/260 57 00 | €€€*

### NÄSINNEULA 🌿

Was der Begriff Seenplatte eigentlich bedeutet, lässt sich am besten von oben besichtigen – zum Beispiel vom Fernsehturm (173 m) aus. Auf 124 m gibt es dort ein Restaurant (124 m), das sich zweimal pro Stunde um die eigene Achse dreht. *Särkänniemi | Tel. 03/56 53 02 34 | €€€*

### VOHVELIKAHVILA (WAFFELCAFÉ)

Im kleinsten Steinhaus der Stadt werden Sie mit süßen und herzhaften Köstlichkeiten verwöhnt. *Ojakatu 2 | Tel. 03/214 42 25*

## ■ EINKAUFEN ■

*Hämeenkatu* heißt die wichtigste Einkaufsstraße Tamperes. Sie führt über den Hauptplatz mit der *Markthalle (Mo–Fr 8–18, Sa 8–16 Uhr)*. Märkte gibt es außerdem am *Laukontori* und am *Tammelantori (Mo–Sa ca. 6–14 Uhr)*.

Noch mehr Shopping: Kunsthandwerkerzentren *Verkaranta (Verkatehtaankatu 2)* und *Jokotai (Näsilinnankatu 21)* sowie der ehemalige Stallhof *Tallipiha (Kuninkaankatu 4)* mit Ständen und Pferdekutschen und das Einkaufszentrum *Kehräsaari*.

---

## ■ ÜBERNACHTEN ■

### HOTEL MANGO

Ein Hotel mit richtig kuscheligen und gemütlichen Zimmern. Rezeption gibt es keine, trotzdem aber einen guten Service, Internetbuchung. *26 Zi. | Hatanpään Puistokuja 36 | Tel. 03/214 28 34 | Fax 213 83 30 | www.mangohotel.fi | €€*

(168 m), der einen schönen Blick über die Seenlandschaft bietet. Mit dem „Schlüssel" (29 Euro) kann man alle Attraktionen des Erlebnisparks besuchen: Floßrutsche, Delphinarium, Rummelplatz, Streichelzoo, Aquarium, Planetarium, Sara-Hildén-Kunstmuseum und den Aussichtsturm. *www.sarkanniemi.fi*

Rummel, Spaß und Unterhaltung im Särkänniemi-Erlebnispark

### HOTEL VICTORIA

Das Haus hat ein Hallenbad und bietet außerdem Stellplätze für Wohnwagen. *72 Zi. | Itsenäisyydenkatu 1 | Tel. 03/242 51 11 | Fax 242 51 00 | www.hotellivictoria.fi | €€–€€€*

## ■ FREIZEIT & SPORT ■

### SÄRKÄNNIEMI ERLEBNISPARK ✺

Empfehlenswert ist ein Besuch von Finnlands höchstem Aussichtsturm

### VIIKINSAARI

**Insider Tipp**

Eine grüne Oase ist die Insel *Viikinsaari* im See Pyhäjärvi. Sie lockt mit Wanderwegen, Stränden, Bootsverleih, Sauna und dem gemütlichen Inselrestaurant *Wanha Kaidessaari (Tel. 03/254 25 00)*. Am Wochenende Folklore- und Musikabende. *Bootsverbindungen (Dauer: 20 min) Juni–Aug. Di–So 10 Uhr jede volle Stunde vom Laukontori-Kai.*

## ■ AUSKUNFT ■

**FREMDENVERKEHRSAMT** ⟑

*Verkatehtaankatu 2 | Tel. 03/56 56 68 00 | Fax 56 56 64 63 | www.tampere.fi*

## ■ ZIELE IN DER UMGEBUNG ■

### HÄMEENLINNA                    [120 B4]

Die freundliche Kleinstadt (48 000 Ew.) liegt 78 km entfernt von Tampere. Nördlich ihres Zentrums erhebt sich in einem Park am Seeufer eine mittelalterliche *Backsteinburg* (1260 als Wehrburg gegen Osten begonnen und immer wieder vergrößert, heute Heimatmuseum). Musikfreunde besuchen das *Geburtshaus* des finnischen Nationalkomponisten Jean Sibelius *(Hallituskatu 11)*. Fast alle Holzhäuser sind bei einem Brand zerstört worden, doch stehen am Marktplatz noch schöne Empirehäuser. Einen Besuch wert ist auch der *Naturpark Aulanko*. Auf schattigen Waldwegen kann man hier herrlich spazieren gehen. Der 33 m hohe Aussichtsturm auf dem Aulankohügel bietet die Schönheit der Landschaft im Überblick. Ein besonderes Event ist der Besuch des *Finnischen Glasmuseums (Tehtaankatu 23, Riihimäki | Di–So 10–18 Uhr)* nahe der früheren Glasfabrik, wo sich inzwischen kleinere Glasstudios und -bläser angesiedelt haben. Eine gute Unterkunft bietet das kleine *Hotel Emilia (40 Zi. | Raatihuoneenkatu 23 | Tel. 03/612 21 06 | €€)*. Auskunft: *Häme Tourist Service | Raatihuoneenkatu 11 | Tel. 03/62133 73 | Fax 621 33 74 | www.hameenlinna.fi*

Auf halbem Weg zwischen Tampere und Hämeenlinna liegt in Laitikkala das Beerenweingut *Rönnvikin Viini-tila*, mit Verkauf und Verkostung der leckeren Spezialitäten. *Hämeenlinnantie 270 | Straße Nr. 12, dann 57 | www.ronnvik.com*

### LAHTI                    [120 C4]

Nicht weit vom betriebsamen Marktplatz der Stadt (100 000 Ew., 126 km) steht am Hang die *Kreuzkirche* von Alvar Aalto (1978) – es ist der letzte von Aalto geschaffene Sakralbau. Einem zweiten berühmten Architekten begegnet man im *Rathaus*, das Eliel Saarinen entworfen hat. Im *Sportzentrum (Urheilukeskus)* mit seinen Sprungschanzen befindet sich das *Skimuseum (Mo–Fr 10–17, Sa/So 11–17 Uhr | www.lahdenmuseot.fi)*. Ein besonderes architektonisches Erlebnis ist die neu gestaltete Uferpromenade 2 km nördlich des Zentrums mitsamt der *Sibelius-Halle*: ein spektaku-

lärer Bau (Sitz der Lathi-Philharmonie), aus der das Konzerthaus herausragt – es ist ganz aus Holz gebaut und hat eine phantastische Akustik. Konzerte finden von Aug.–Mai statt, im Hochsommer gibt es Shows und geführte Besichtigungen *(Ankkurinkatu 7 | www.sibeliustalo.fi)*. Kulinarische Empfehlung: *Café Kariranta | Satamakatu 9 am Hafen.* Übernachtung: *Musta Kissa | 71 Zi. | Rautatienkatu 21 | Tel. 03/544 90 00 | €€–€€€.*

Lahti liegt am Südende des *Päijänne-Sees*; per Schiff können Sie von hier bis Jyväskylä reisen. Unterwegs (knapp 20 km nordwestlich in *Hollola*) findet man die zweitgrößte Feldsteinkirche Finnlands (14./15. Jh.), mit schöne Holzschnitzereien im Inneren. Auskunft: *Lahti Touristenbüro | Rautatienkatu 22 | Tel. 0207/28 17 50 | Fax 28 17 51 | www.lahtitravel.fi*

## SILBERLINIE (HOPEALINJA) UND DICHTERWEG (RUNOILIJAN TIE) ⭐

Schippern durch herrliche Landschaften: Die Schiffe der *Silberlinie* legen morgens am Laukontori-Kai in Tampere ab und erreichen über Visavuori und Viidennumero am späten Nachmittag Hämeenlinna [120 B4]. Wer nicht übernachten will, fährt mit dem Bus zurück.

Der *Dichterweg* führt durch eine von finnischen Dichtern vielfach besungene Landschaft. Er beginnt am Nordhafen Tamperes *(Mustalahti-Kai)* und geht weiter über Ruovesi nach Virrat [120 B2]. Abfahrt vormittags, Ankunft abends *(www.finnish silverline.com)*. Daneben gibt es auf beiden Seen *(Näsijärvi, Pyhäjärvi)* eine Fülle von Kreuzfahrtmöglichkeiten auf kleinen, gemütlichen Schiffen, z. T. noch unter Dampf (reservieren!).

Spektakulärer Bau aus Holz und Glas: die Sibelius-Halle liegt am Bootshafen von Lahti

## > EINE ANDERE WELT

In den endlosen Wäldern und kleinen Dörfern Kareliens
sind Hektik und Stress Fremdwörter

> Als „Wiege Finnlands" wird Karelien gern bezeichnet, liegen doch hier die im Nationalepos Kalevala besungenen mythischen Orte und Stätten. Hier lebt die Tradition der Volksdichtung, der Märchen und überlieferten Gesänge und Tänze.

Der frühere östliche Teil Kareliens gehört heute zu Russland. Ausflüge über die Grenze etwa zum Ladoga-See, zum alten Kloster Valamo, sind lohnenswert, wenn sich auch die Einreisebestimmungen immer wieder verändern. Sobald Sie städtisches Gebiet verlassen und auf kleinere Straßen einbiegen, sind Sie mitten in unberührter, weiter Natur, atmen die klare Luft über Seen und dichten Wäldern. Die Menschen dieser Region sind jedoch keineswegs hinterwäldlerisch, sondern gelten ganz im Gegenteil als ausgesprochen weltoffen und aufgeschlossen. Gäste werden in den hübschen karelischen Dörfern stets freundlich empfangen.

Bild: Typische Waldlandschaft in Nordfinnland

# WALD FINNLAND

## JOENSUU

[121 F2] **Joensuu (58 000 Ew.) liegt an der Nahtstelle zwischen den Gewässern des Saimaa und dem bei Touristen beliebten Pielinen-See.** Der Pielisjoki, der mitten durch die Stadt fließt, war einst wichtige Flößerroute für die Holzindustrie. Holz ist immer noch ein bedeutender Faktor, doch die Stärke Joensuus liegt heute in seiner Funktion als Dienstleistungs-, Wissen-

schafts- und Wirtschaftszentrum für das ansonsten eher strukturschwache Nordkarelien. Der Charme der 1848 gegründeten Stadt erschließt sich bei einem Bummel über den Markt und vorbei an den Holzhäusern in der Rantakatu nahe dem Hafen. Jedes Jahr im Juli zieht es 20 000 Musikfans in die Stadt zum ▶▶ *Ilosaari-Rockfestival*. Von Jazz über Heavy Metal bis Reggae ist für jeden was dabei *(www.ilosaarirock.fi)*.

## ■ SEHENSWERTES ■

### BOTANISCHER GARTEN (PUUTARHA BOTANIA)

*Insider Tipp*

Neben exotischen Gewächsen verschiedener Klimazonen sehen Sie seltene einheimische Pflanzen und frei fliegende exotische Vögel und Falter. *Heinäpurontie 70 | Mo, Mi–Fr 10–16, Sa/So 11–16, April–Aug. Mo, Mi–Fr 10–17, Sa/So 11–16 Uhr*

Die Elias-Kirche von Ilomantsi liegt im Herzen Nordkareliens

### BUNKERMUSEUM

Im Stadtteil Marjala begegnet man der dramatischen Geschichte der finnischen Weltkriegsjahre. Bunker, Laufgräben, Panzersperren – bei einer Führung wird der Kampf gegen die Sowjetunion lebendig. *Virrataus 7 | Juni–Mitte Aug. Di–So 11–17 Uhr | http://bunkkerimuseo.jns.fi*

### CARELICUM ⭐

In einer Mischung aus Informationsbüro, Museum und Sammlung erfahren Besucher alles, was es Wissenswertes über Karelien zu berichten gibt. Im Nordkarelischen Museum werden Geschichte, orthodoxes Leben, Natur und Kultur der Landschaft im äußersten Osten Finnlands anschaulich nahe gebracht. Außerdem gibt es ein 🔊 Café und mehrere Läden. Ein Muss für jeden Karelienbesucher. *Koskikatu 5 | Mo–Fr 10–17, Sa/So 11–16 Uhr | www.pohjoiskarja lanmuseo.fi*

### KUNSTGEWERBE-CARRÉE TAITOKORTTELI

*Insider Tipp*

Im schönen alten Holzhaus-Ensemble mit Innenhof haben sich Galerien, Boutiquen und eine Kunstschmiedewerkstatt angesiedelt. Im Sommer finden im Innenhof zahlreiche Märkte und Events statt. *Koskikatu 1 | Mo–Fr 10–17, Sa 10–14, im Juli So 12–16 Uhr | www.taitokortteli.fi*

### MARKTPLATZ (KAUPPATORI)

Das lebendige Zentrum der Stadt: Es gibt alle Arten von Nahrungsmitteln, vor allem Fische, Piroggen, frisches Brot, daneben aber auch allerlei Handwerkerwaren und Bekleidung. Auf einer kleinen Bühne präsentieren sich im Sommer lokale Künstler.

### NIKOLAUSKIRCHE (PYHÄN NIKOLAOKSEN KIRKKO)

Die Ikonostase (Bilderwand) der orthodoxen Holzkirche (1887) wurde in der Werkstatt des heiligen Alexander in St. Petersburg gemalt. *Kirkkokatu, Nordende*

### STADTHAUS (KAUPUNGINTALO)
Der beeindruckende Bau des berühmten Architekten Eliel Saarinen (1914) ist eins der Wahrzeichen der Stadt. Empfehlenswert ist das Theaterrestaurant im Hause.

## ■ ESSEN & TRINKEN ■
### ASTORIA
Lokale und ungarische Küche am Flussufer, idyllisch gelegen, große Terrasse. *Rantakatu 32 | Tel. 013/22 97 66 | www.astoria.fi | €–€€*

### KARJALANTALO
Authentische karelische Büfetts und Spezialitäten wie *karjalanpaisti* (Fleischtopf). *Siltakatu 1, Ilosaari | Tel. 0400/88 08 81 | €€*

## ■ ÜBERNACHTEN ■
### HOTEL ATRIUM ⟋
Zentral gelegen, nette Zimmer/ Suiten mit eigener Sauna. *53 Zi. | Siltakatu 4 | Tel. 013/25 58 88 | Fax 255 83 00 | www.hotelliatrium.eu | €€*

### FINNHOSTEL JOENSUU
Das einfache Wandererhotel ist zentral gelegen. *24 Zi. | Kalevankatu 8 | Tel. 013/267 50 76 | Fax 267 50 75 | www.islo.jns.fi | €–€€*

## ■ AUSKUNFT ■
### TOURISTENINFORMATION
*KareliaExpert | Koskikatu 5 (Carelicum) | Tel. 0400/23 95 49, Fax 23 96 19 | www.kareliaexpert.fi*

## ■ ZIELE IN DER UMGEBUNG ■
### ILOMANTSI ⭐       [121 F2]
In Finnlands östlichster Gemeinde (6800 Ew., 72 km) bestimmen orthodoxe Traditionen und Feste das Leben. Die hölzerne *Elias-Kirche* (1891) *Insider Tipp* mit ihren sechs Türmen zählt zu den größten und schönsten orthodoxen Kirchen im Land. Eine schöne Aussicht über die Umgebung haben Sie vom ☀Weinturm mit Restaurant des Beerengutes *Pelto Hermanni*. Einen Einblick in die alte Runosängertradition und in den karelischen Baustil bieten das *Runosängerhaus* und das *Insider Tipp* angrenzende kleine *Freilichtmuseum (parppeinvaara)*. Versäumen Sie nicht, dem Spiel der Frauen auf dem

# MARCO POLO HIGHLIGHTS

### ⭐ Carelicum
Wer Karelien mit seiner Natur und Kultur verstehen will, der darf die Ausstellungen im Carelicum von Joensuu nicht versäumen (Seite 78)

### ⭐ Ilomantsi
Auf der Spur der Runen und bis an die Grenze zu Russland: Wo die östlichste Gemeinde der EU ihre orthodoxen Traditionen lebt (Seite 79)

### ⭐ Koli
Nationallandschaft am Pielinen-See (Seite 81)

### ⭐ Freilichtmuseum Pielinen
70 Gebäude und Vorführungen spiegeln finnisches Landleben (Seite 81)

### ⭐ „Bärenrunde" (Karhunkierros)
Die Wanderroute bietet Naturschönheiten erster Klasse (Seite 83)

Nationalinstrument Kantele zu lauschen! Von *Hattuvaara* aus führt der Weg zum östlichsten Punkt der Festlands-EU, knapp 20 km durch unbewohntes Moorgebiet. Hier finden Sie Natur pur: Südöstlich von Ilomantsi liegt der kleine *Petkeljärvi-Nationalpark* mit 10 km Naturpfaden. Weitere Touren: der *Tapion Taival*, der östlichste Wanderweg Finnlands unweit der russischen Grenze (Gebiet Hattuvaara), oder der *Susitaival* (Wolfsroute) mit 90 km Länge von *Möhkö* (schönes Eisenhüttenmuseum) in den *Patvinsuo-Nationalpark*. Bootssportler schwören auf Kanutouren auf dem Fluss Koitajoki mit seinen Stromschnellen und auf dem herrlichen See Koitere, das „karelische Meer". Wer über Nacht bleiben möchte: *Hotel Ilomantsi | 24 Zi. | Kalevalantie 12 | Tel. 013/683 53 00 |* €€. Auskunft: *Karelia Expert | Kalevalantie 13 | Tel. 0400/24 00 72 | www.kareliaexpert.fi*

**JUUKA** [121 E1]

Die Gemeinde (6200 Ew., 86 km) liegt in bergiger Landschaft am Südwestufer des Pielinen-Sees und ist ein schönes Gebiet für Hütten- und Wanderurlaub. Außerdem lohnt eine Überfahrt mit der Fähre auf die *Insel Paalasmaa* mit herrlichen Ausblicken über den See. Auf der Insel gibt es gute Badegelegenheiten. In der Nähe, bei Nunnanlahti, ist ein seltenes Gewerbe beheimatet: die

Die Aussicht vom Berg Koli ist überwältigend

Insider
Tipp Gewinnung und Bearbeitung von Speckstein bei *Tulikivi*. Aus Speckstein gibt es hier fast alles vom Schnapsglas bis zum Kaminofen. Hier finden Sie garantiert ein ausgefallenes Mitbringsel. Ein kurzer Weg führt zu den imposanten Steinbrüchen. Ebenfalls um Steine, ihre Schönheit wie ihre Geologie geht es im Insider
Tipp *Ausstellungshaus Kivikeskus (Steinzentrum)* gleich nebenan *(Kuhnustantie 10 | Mitte Mai–Mitte Sept. Mo–So 9–18, sonst Mo–Fr 10–17 Uhr | www.kivikeskus.com)*.

## KOLI ⭐ [123 F6]

Gegenüber der Stadt Lieksa (Fährverbindung im Sommer) erhebt sich am Pielinen-See der Koli-Höhenzug mit Ferienzentrum und Campingplatz *(www.koli.fi)*. Das *naturhistorische Zentrum Ukko* informiert anschaulich über Geologie und Natur des Nationalparks. Koli (71 km) ist auch ideal für Winterurlaub. Ein Muss ist der Abstecher auf den 347 m hohen ☆ Gipfel Ukko-Koli. Die Sicht über den Pielinen-See ist einfach grandios. Legen Sie eine Pause im Dorf im Kunstcafé *Kolin Ryynänen (Ylä-Kolintie 2a)* ein. Übernachten und gut essen können Sie im *Hotel Koli (73 Zi., 27 Hütten | Ylä-Kolintie 39 | Tel. 020/123 46 62 | €€–€€€)*. Auskunft: *Karelia Expert | Ylä Kolintie 2 | Tel. 050/408 10 51*

## LIEKSA [123 F6]

Die flächenmäßig zweitgrößte Gemeinde Finnlands (rund 3500 km²; 13 300 Ew., 98 km von Joensuu), die auch Koli einschließt, ist ein attraktives Feriengebiet. Das ⭐ *Freilichtmuseum Pielinen* auf der Halbinsel Pappilanniemi ist mit über 70 Gebäuden eines der größten und schönsten Finnlands. Die ältesten Gebäude wurden ohne Säge und Bohrer, nur mit der Axt erstellt und stammen aus dem Gebiet zwischen Pielinen-See und Russland *(Pappilantie 2 | 15. Mai–15. Sept. tgl. 10–18 Uhr, Ausstellungen ganzjährig Di–Fr 10–15 Uhr)*. Ein architektonisches Juwel ist die *neue evangelische Kirche* an der Kirkkokatu.

30 km südlich, im Dorf Paateri (Richtung Vuonislahti), steht das beeindruckende Insider
Tipp Atelier von Finnlands bekanntester Bildhauerin: Eva Ryynänen (1915–2001) stellte in Großstädten wie New York oder London aus, bevorzugte aber selbst das einfache Landleben und richtete sich in einem alten Kuhstall ein. *Vunisjärvi, Paateri | Tel. 013/54 32 23 | Mai–Sept. tgl. 10–18, sonst 10–16 Uhr*

## ▶LOW BUDGET

▶ Alle 15 Minuten verkehrt von Juuka aus eine kleine Fähre gratis zur traumhaft schönen Insel *Paalasmaa* mit felsigen Buchten, Badestränden, Aussichtsturm und günstigem Campingplatz. *Start der Fähre ist Kannaksenkylä im Gemeindegebiet Juuka.*

▶ Gerade in den nördlichen touristischen Wander- und Skigebieten ist ein Restaurantbesuch teuer. Eine günstige Ausnahme ist die *Pizzeria Ampan | Kitkantie 18, Kuusamo | €*

▶ Im *Hostel Kolin Retkeilymaja* schläft man schon ab 14 Euro – mit Selbstversorgerküche und Sauna. *12 Zi. | 7 km vom Dorf Koli in der Niinilahdentie 47 | Tel. 013/67 31 31 | www.kolinretkeilymaja.net*

Für Nervenkitzel sorgt eine Strom-schnellenfahrt bei Ruuna (25 km entfernt) in Schlauch- oder Holzbooten *(mehrere Anbieter, Infos z. B. www.koski-jaakko.fi).* Unterkunft: *Hotel Puustelli (30 Zi. | Hovileirinkatu 3, Lieksa | Tel. 013/511 55 00 | €€– €€€).* Auskunft: *Karelia Expert | Pielisentie 2–6 | Tel. 0400/17 53 23*

### KUHMO [123 F5]

Hauptattraktion der Gemeinde (11 500 Ew.) sind die jährlichen, international angesehenen *Kammermusiktage* im Sommer *(www.kuhmofestival.fi).* Den Geist und Mythos des Nationalepos Kalevala belebt der Erlebnispark *Kalevala Spirit*, mit Handwerk, Ausstellungen zu finnischen Traditionen, Erlebnispfad und Restaurant *(Väinämöinen | Tel. 0440/75 55 00 | http://shop.kalevala spirit.fi).* Gute und originelle Unterkunft: *Hotel Kalevala | Väinämöinen 9 | Tel. 08/655 41 00 | www.hotelli kalevala.fi | €€€.* Auskunft: *City Tourist Office | Kainutie 82 | 08/61 55 52 92 | www.kuhmo.net.fi*

### KAJAANI [123 E4]

Westlich von Kuhmo (Straßen Nr. 76, dann 6) liegt Kajaani (37 000 Ew.), ein idealer Ausgangspunkt für Natur- und Aktivurlaub. Auskunft: *Kajaani Info & Booking Center | Kaupaakatu 21 | 08/615 55 55 | www.kajaani.fi*

Für Kulturfreunde lohnt sich ein Ausflug nach *Paltaniemi* (10 km nördlich des Zentrums). Sehenswert ist hier die *Holzkirche* von 1726: Wegen ihrer eindrucksvollen Malereien im Stil des Rokoko wird sie auch „Bilderkirche" *(kuvakirkko)* genannt.

# KUUSAMO

**[123 E2] Was man heute von Kuusamo (17 100 Ew.) sehen kann, ist alles nach dem Zweiten Weltkrieg entstanden.** Es gibt außer einem Heimatmuseum kaum Sehenswürdigkeiten. Bedeutung hat die Stadt am Nordwestende des Sees Kuusamojärvi als Zentrum einer grandiosen Landschaft mit vorbildlich unterhaltenen Wanderwegen. Mit seinen 5000 Seen, Stromschnellen, Flüssen und Wasserfällen ist es ein Dorado für Wasserwanderer, Wildwasserfahrer und Angler. Wintersportler finden hervorragende Pisten und Loipen vor.

## ESSEN & TRINKEN

### KAHVILA NEIDONKENKÄ

Mitten im Oulanka-Nationalpark gibt es im Café-Restaurant leckeres Fladenbrot und Kuchen, Beeren, Fisch- und Wildgerichte. *Liikasenvaarantie 250 | Tel. 08/86 34 61 | €–€€*

### RIIPISEN RIISTARAVINTOLA

Hier wird Fisch und Wild – auch Bär und Ren – aufgetischt. *Rukatunturintie 6 | Tel. 08/868 12 19 | €€–€€€*

## ÜBERNACHTEN

### HOLIDAY CLUB KUUSAMON TROPIIKKI

Schönes Kurhotel, großes Spaßbad. *179 Zi. und 17 Hütten | Kylpyläntie | Tel. 020/123 49 06 | Fax 08/852 19 09 | www.holidayclub.fi | €€€*

### RANTASIPI RUKAHOVI

Beim Wintersportzentrum, guter Ausgangspunkt für Wanderungen (fünf Restaurants). *245 Zi. | Rukatunturintie 5 | Tel. 08/859 10 | Fax 868 11 35 | www.rantasipi.fi | €€€*

# WALDFINNLAND

## ■ AUSKUNFT ■

**FREMDENVERKEHRSZENTRUM KARHUNTASSU**
*Torangintaival 2 | Tel. 0205/64 68 04 oder 64 68 01 | www.ruka.fi*

gesetzt! Wer nicht so lange wandern möchte, sollte nach *Juuma* [123 F1–2] fahren, etwa auf halber Strecke der „Bärenrunde" gelegen. Von hier aus können Sie ein Teilstück erwandern.

Braunbärennachwuchs in den unberührten Wäldern Kareliens

## ■ ZIELE IN DER UMGEBUNG ■

### „BÄRENRUNDE" (KARHUNKIERROS) ⭐ [123 E2]

Einer der schönsten Wanderpfade Finnlands (kein Rundweg! 15 km nördl., höchster Punkt am ☀ *Rukatunturi-Berg*, ca. 20 km) umfasst insgesamt rund 80 km (4–6 Tage), auch kürzere Abschnitte sind möglich. Er führt durch eine einzigartige Landschaft mit Wasserfällen, Schluchten, Seen, unberührten Wäldern und teilweise durch den Oulanka-Nationalpark. Ein Abenteuer sind die Hängebrücken: Schwindelfreiheit voraus-

Imposante Stromschnellen und Wasserfälle sehen Sie auch von hier: Myllykoski und Jyrävä.

### OULANKA-NATIONALPARK [123 E–F1]

Der Nationalpark (270 km$^2$) besticht durch urwüchsige Wildnis, teils bergiges Gelände, Stromschnellen, ausgezeichnete Wanderwege und tolle Möglichkeiten für Angler und Rafter. Dem Oulanka-Canyon (Straße 950) kommt man auch mit dem Auto nah. Auskunft: *Naturzentrum am Parkeingang | Liikasenvaarantie 132, Kuusamo | Tel. 08/86 34 53 | www.outdoors.fi*

## > MIT DER NATUR IM EINKLANG

Ein besonderes Volk in einer in Europa einzigartigen Landschaft

> Der Zauber Lapplands liegt in der Weite und Unberührtheit der Natur, in seiner herben Schönheit und überraschenden Vielfalt. Besonders intensiv erlebt man hier die Jahreszeiten in ihrem raschen Wechsel: Der lange Polarwinter im bläulichen Dämmerlicht und tief verschneit.

Das Schauspiel der Polarlichter am Firmament. Der kurze, explodierende Frühling, die Mitternachtssonne des Sommers, die auch die Nächte zum Tag erklärt. Und dann im Herbst die wenigen wunderbaren Wochen der *ruska*, wenn ganz Lappland ein leuchtendes gelbrotes Kleid anlegt. Eine Reise in den hohen Norden ist für viele Touristen die Erfüllung eines lange gehegten Traumes. Die letzte Wildnis Europas lässt niemanden unberürt. Unvergesslich bleiben ausgedehnte Wanderungen und abendliche Lagerfeuer im Sommer, Skiabenteuer, Rentier- oder Hundeschlittensafaris im Winter.

Bild: Lappland, Rentierfarm Ounaskievari

# LAPPLAND

Lappland ist die Heimat der *sámi*, auch wenn die Ureinwohner mit einer Zahl von rund 6500 nur noch eine Minderheit der Bevölkerung stellen. Sie leben im Respekt vor der Natur, viele immer noch halbnomadisch mit ihren Rentierherden. In ihrer eigenen Sprache bezeichnet sich die Bevölkerung als *sápmelas*. Authentische samische Kultur finden Sie in den Samen-Dörfern in Nelim und Sevettijärvi in der Nähe des Inari-Sees.

## INARI

**[125 D3] Mit 17 000 km² und nur rund 7500 Ew. (davon 2200 Samen) ist Inari am gleichnamigen See *(Inarijärvi)* eine riesige Landgemeinde, der Ort selbst seit 1973 Sitz des Samenparlaments.** Hauptort der Gemeinde ist Ivalo, Zentrum mit Verwaltung und Geschäften.

Für die *sámi* ist der See eines ihrer bedeutendsten Heiligtümer. So finden sich alte Opferstätten wie *Ukon-*

# INARI

*kivi* auf einer seiner Inseln. Sie können sich dorthin von Inari aus mit dem Boot übersetzen lassen. Der *Inari-See* ist mit seinen 1400 km$^2$ und 3000 Inseln und Schären die größte Wasserfläche nördlich des Polarkreises. Zum Frühlingsanfang findet hier das Rentierkönigsrennen mit Teilnehmern aus ganz Lappland statt.

nuar findet das ▶▶ *Skábmagovat Filmfest* statt – mit Vorführungen teilweise im Freien in einer Arena aus Schnee *(www.siida.fi/skabma)*. Im Restaurant *Sarrit* (€€) werden regionale Spezialitäten serviert. *Inarintie | Tel. 0400/89 82 12 | Okt.–Mai Di–So 10–17, Juni–Sept. tgl. 9–20 Uhr | www.siida.fi*

3000 Inseln und Schären, umgeben von Wasser: Der Inari-See ist eigentlich eine Seenplatte

## ■ SEHENSWERTES ■

**Insider Tipp**

### SIIDA SÁMI MUSEUM

Das Museum informiert anschaulich über die samische Kultur, über die Lebensweise des Volks, über Natur und ökologische Zusammenhänge. Zum Komplex gehört das *Nordlappland Naturzentrum* und (nur im Sommer) ein *Freilichtmuseum* mit samischen Gebäuden, Stangenzelten und natürlich Saunas. Jedes Jahr im Ja-

## ■ ESSEN & TRINKEN ■

### RANTA-MARI

Wild- und Fischgerichte, arktische Beeren und mehr. *Inarintie 40 (Hotel Inari) | Tel. 016/67 10 26 | €€*

### NILIAITTA

Das zum Teil auf Stelzen gebaute Café serviert auch feine Snacks. *Nellimintie | in Nellim (Gemeinde Ivalo) | Tel. 016/66 68 51*

❯ www.marcopolo.de/finnland

## ■ ÜBERNACHTEN ■■■■■

### HOTEL INARIN KULTAHOVI 🔊

Zentral gelegenes Hotel am Ufer des Juutuanjoki. Restaurant mit rustikalem Ambiente. *45 Zi. | Saarikoskentie 2 | Tel. 016/67 12 21 | Fax 67 12 50 | www.hotelkultahovi.fi | €€ – €€€*

## ■ AUSKUNFT ■■■■■

### POHJOIS-LAPIN MATKAILU OY

*Kelotie, Saariselkä | Tel. 016/66 84 02 | Fax 66 84 03 | www.inarilapland.org*

## ■ ZIELE IN DER UMGEBUNG ■

### ENONTEKIÖ                    [124 C4]

Südlich der Gemeinde liegt der 2005 neu strukturierte ★ *Pallas-Yllästuri-Nationalpark*: 120 km markierte Wanderwege ziehen sich hier durch eine 512 km² große Wildnis. Die Infrastruktur des Parks ist ausgezeichnet, drei Besucherzentren helfen bei der Tourenplanung. Komfortabel: Es gibt frei zugängliche Wildhütten und eine Sauna für Jedermann im Park *(www.outdoors.fi)*.

Der höchste Berg Finnlands, der *Haltiatunturi (*1324 m), liegt ebenso in der Gemeinde Enontekiö wie alle 21 weiteren Eintausender Finnlands.

### KARIGASNIEMI                 [125 D2]

98 km nordwestlich von Inari liegt dieser Grenzort – und ganz in der Nähe der heilige Berg der *sámi*, der *Ailigas*. Gute Einkaufsmöglichkeit für samische Handwerkskunst.

### LEMMENJOKI                   [125 D3–4]

Von Inari bietet sich ein Abstecher an zum 69 km entfernten *Lemmenjoki-Nationalpark*: Im größten Naturschutzgebiet des Landes (2855 km²) entdecken Sie Wälder, Seen und Moore abseits der Touristenpfade.

### SAARISELKÄ                   [125 D4]

Saariselkä, am Nordrand des Urho-Kekkonen-Nationalparks (zw. Ivalo und Vuotso, 69 km), ist ein boomendes Touristenzentrum für Wintersportler. Interessant ist v. a. der ☀ Aussichtspunkt, auch per Auto zu erreichen *(www.saariselka.fi)*.

### UTSJOKI                      [125 D2]

Die nördlichste Gemeinde Finnlands (126 km) ist auch die einzige, in der die Samen die Mehrheit bilden. Die Straße, die von hier am lachsreichen Fluss Teno entlang über Outakoski nach Karigasniemi führt, wird als eine

# MARCO POLO HIGHLIGHTS

### ★ Pallas-Yllästunturi-Nationalpark
Eine herrliches und gut ausgebautes Hikinggebiet mit Wildhütten für müde Wanderer (Seite 87)

### ★ Arktikum
Alles über Leben und Kultur der arktischen Völker der Welt: ein modernes Forschungszentrum für Natur und Umwelt am Polarkreis (Seite 88)

### ★ Weihnachtsmann-Dorf (Joulupukin Pajakylä)
Kitsch und Kunsthandwerk direkt vom Weihnachtsmann in Rovaniemi (Seite 89)

### ★ Tankavaara
Im einzigen Goldmuseum Europas können Sie selbst auf Goldsuche gehen (Seite 91)

Preisgekrönt: das Arktikum

zentriert. Beim Rückzug der deutschen Armee 1944 völlig zerstört, wurde Rovaniemi ab 1946 neu und funktional wieder aufgebaut. Die Grundplanung der Stadt in Form eines Rentiergeweihs stammt von Alvar Aalto, ebenso einige Gebäude wie Bibliothek und Rathaus. Hauptanziehungspunkt der Stadt ist die Lage am Polarkreis, denn dort wohnt der Weihnachtsmann. Erstbesucher unterziehen sich einer Polartaufe. Kurios: das *Rocktaurant* von Mr. Lordi, Sänger der gleichnamigen Gruselrockband: Hier gibt es Burger in Gruftambiente *(Koskikatu 25 | www.rocktaurant.com | €€)*.

## ■ SEHENSWERTES

### ARKTIKUM ★ 📶

Das architektonisch aufregende Museum mit Glaskuppeln und unterirdischen Passagen informiert umfassend und lebendig über die Kultur der arktischen Völker. Tier- und Pflanzenwelt werden ebenso einbezogen wie ethnologische Fragen. Angeschlossen ist ein Wissenschaftszentrum, in dem erforscht wird, wie die Veränderungen auf der Erde die arktische Natur beeinflussen. Spannend: die Nordlicht-Multivisionsshow. *Pohjoisranta 4 | Sept.–Mai Di–So 10–18, Juni–Aug. tgl. 10–18 Uhr | www.arktikum.fi*

### OUNASVAARA ☼

Vom Hügel im Osten haben Sie eine gute Aussicht über die Stadt und den Zusammenfluss von Kemijoki (längster Fluss Finnlands) und Ounasjoki. Außerdem gibt es eine Sommerrodelbahn und für den Wintersport Slalomhänge, Lifte und Schanzen, dazu 100 km Loipen.

der schönsten Finnlands bezeichnet. Immer wieder öffnen sich Ausblicke auf das Tal mit seinen herrlichen Wäldern, v.a. während der herbstlichen Laubfärbung ein Genuss.

### WILDMARKKIRCHE (ERÄMAAKIRKKO) [125 D3]

Wo in Inari das Winterdorf der *sámi* lag, steht noch heute die 1752 errichtete Wildmarkkirche Pielpajärvi. Sie ist nur auf einem markierten Wanderweg (7 km) durch typischen Lappland-Wald oder per Boot zu erreichen.

## ROVANIEMI

**[123 D1] Für lappländische Verhältnisse geht es in Rovaniemi (35 500 Ew.) recht lebhaft zu.** Wirtschaft, Handel, Tourismus und Verwaltung sind hier kon-

### LAPPISCHES FORSTMUSEUM (LAPIN METSÄMUSEO)

Im Freilichtmuseum wird von Leben der samischen Waldarbeiter erzählt: Holzfällerhütten und allerlei Gerät aus der Anfangszeit der Forstwirtschaft und der Holzflößerei. *Straße 78 Richtung Süden | Metsämuseontie 7 | Juni–Aug. Di–So 12–18 Uhr*

### WEIHNACHTSMANN-DORF (JOULUPUKIN PAJAKYLÄ) ⭐

Auch wer sich nicht (mehr) für den Weihnachtsmann interessiert, sollte einen Rundgang einplanen. Denn es gibt hier neben viel Kitsch auch nützliche oder kunsthandwerklich wertvolle Souvenirs (u.a. Holzwaren, Renlederwaren) sowie die Blockhütte und Poststube des Weihnachtsmanns und eine Weihnachtsausstellung über alte und neue Festbräuche in Finnland und der Welt. *Direkt am Polarkreis | 8 km nördlich an der Straße Nr. 4 | Jan.–Mai, Sept.–Nov. tgl. 10–17, Juni–Aug., Dez. 9–18 Uhr | www.santaclausvillage.info*

### ■ ESSEN & TRINKEN

### CAFÉ WALENTINA

Das gemütlichste Café der Stadt mit großem Angebot an süßen Sachen. *Rovakatu 21 | Tel. 016/31 81 02*

### OPPIPOIKA

Bodenständige Landesküche zu moderaten Preisen, da mit Restaurantschule. *Korkalonkatu 33 | Tel. 020/798 46 09 | €–€€*

### ■ ÜBERNACHTEN

### SKY OUNASVAARA 🔊

Gut ausgestattetes Haus in herrlicher Lage, viele Zimmer mit eigener Sauna. *71 Zi. | Ounasvaara | Tel. 016/32 34 00 | Fax 31 87 89 | www.laplandhotels.com | €€€*

### ■ AUSKUNFT

### STÄDTISCHES TOURISTENBÜRO

*Rovakatu 21 | Tel. 016/34 62 70 | Fax 342 46 50 | | www.rovaniemi.fi*

### ■ ZIELE IN DER UMGEBUNG

### AUTTINKÖNGAS                    [123 D]

Der Wasserfall von Auttinköngas (16 m hoch) ist ein beeindruckendes Naturschauspiel in wildromatischem Terrain. *Straße Nr. 81, ca. 80 km südöstlich*

### KEMI                              [122 C2]

In der Stadt am Meer (25 000 Ew., 120 km, Straße Nr. 4) mit dem schönen Hafen wird seit inzwischen zehn Jahren jeden Winter eine Schneeburg mit Kapelle, Sauna (!), Restaurant und Hotel aufgebaut, mit Eisskulpturen, Licht- und Klangeffekten *(bis Anfang April | www.snowcastle.net)*. Weitere Attraktionen: eine winterliche Fahrt mit dem Eisbrecher „Sampo", der bis zu 8 m dickes Eis knackt, und unterwegs ein Stopp zum Eisschwimmen im Thermoanzug *(Dez.–April | www.sampotours.com)*.

### KEMIJÄRVI [125 E6]
Die Kleinstadt (9000 Ew., 76 km, Straße Nr. 82) ist „Europas Hauptstadt des Motorschlittenfahrens", im Winter gibt es ein weites Netz an Routen *(www.kemijarvi.fi)*. Lohnend für Kunstliebhaber: die Skulpturen im *Kunstzentrum Puustelli 16 Lepistöntie 17 | Öffnungszeiten tel. erfragen: 16/81 52 22)*. Einen Besuch wert ist auch die einzige noch bebaute *Amethystmine* (130 km, von Kemijärvi

Straßen Nr. 5 und 962 nach Norden) in Luosto. Toll: Hier kann man auch selbst schürfen. *Bergwerk Arctic Amethyst | Öffnungszeiten tel.: 0400/90 26 77 | www.amethystmine.fi*

**Insider Tipp**

### RANUA [123 D2]
Im Wildpark (Straße Nr. 78 nach Süden) erleben Sie Tiere der Polarzone in artgerechter Umgebung. *Rovaniementie 29 | Sommer tgl. 9–19 | www.ranuazoo.com*

## SODANKYLÄ
**[125 D5] In der flächenmäßig zweitgrößten Gemeinde Finnlands leben nur 9100 Menschen.** Auf den ersten Blick gibt es hier wenig zu sehen: Wie fast alle Orte in Lappland wurde Sodankylä beim Rückzug der Wehrmacht 1944 niedergebrannt. Einzig die Kirche blieb stehen. Prominent ist die Stadt

durch das *Midnight Sun Film Festival*, initiiert von den Brüdern Kaurismäki *(www.msfilmfestival.fi)*. Anlass des Festivals ist ein Naturschauspiel: Hier, 120 km nördlich des Polarkreises, scheint die Sonne vom 30. Mai bis zum 15. Juli den ganzen Tag.

## ■ SEHENSWERTES

### CORONA BOREALIS

Im „Haus des Nordlichts" *(Pohjan Kruunu)* mischen sich auf phantastische Weise Mythen und wissenschaftliche Erkenntnisse über das in Lappland besonders gut zu beobachtende Naturschauspiel. *Arctic Academy | Välisuvannontie | Sommer Di–So 12–16.30 Uhr | www.arcticacademy.fi*

### GALERIE ALARIESTO

Der samische Künstler Andreas Alariesto (1900–1989), Pionier der naiven Kunst in Finnland, erzählt in bunten Bildern vom Leben der *sámi* in früherer Zeit. Angeschlossen ist ein Laden für samische Kunst. *Jäämerentie 3 | Sommer Mo–Sa 10–17, So 12–18, Winter Mo–Fr 10–17, Sa 10–16, So 12–16 Uhr*

## ■ ESSEN & TRINKEN

### KERTTULI

Freundliches Lokal mit guter, bodenständiger Küche in *Luosto | Hartsutie 1 | Tel. 016/62 43 85 | €–€€*

## ■ ÜBERNACHTEN

### HOTELLI KARHU

Helle Räume, wohnliche Atmosphäre, guter Service, gehobenes lappländisches Restaurant, Abendsauna. *42 Zi. | Lapintie 7 | Tel. 0201/620610 | Fax 62 06 09 | www.hotel-bearinn.com | €€–€€€*

## ■ AUSKUNFT

### TOURISMUSINFORMATION

*Jäämerentie 3 | Tel. 040/746 97 76 | Fax 61 81 59 | www.sodankyla.fi*

## ■ ZIELE IN DER UMGEBUNG

### KITTILÄ                                    [124 C5]

Zum Gemeindegebiet von Kittilä (77 km, an der Straße Nr. 80) gehört das *Galerie-Museum Särestöniemi* im Dörfchen *Kaukonen*. Kraftvolle, farbenfrohe Bilder und das Atelier des bedeutenden expressionistischen Künstlers Reidar Särestöniemi (1925–1981), angeschlossen ein Café. Das Museum hat sich zu einem ▶▶ Zentrum *für bildende Kunst und Kammermusik* entwickelt *(Särestöntie | Di–Sa 12–18 Uhr | www.sarestoniemenmuseo.fi)*. Außerdem ist der *Levi-Fjäll* nördlich von Kittilä einen Ausflug wert. Ob erwandert oder mit dem Gondellift zum ❊ Gipfel: Die Aussicht ist grandios. Ein Highlight: die Mittsommerfeier.

### TANKAVAARA ★                               [125 D4]

Nördlich von Sodankylä (108 km, Straße Nr. 4) lockt das Golddorf *Tankavaara* mit dem einzigen *Goldmuseum (kultamuseo)* Europas. Alles über den Goldrausch, der Lappland ab 1860 erfasste, und die Lebensbedingungen und Konflikte rund ums edle Metall. Besucher können in behaglichen Hütten übernachten und sich im Goldwaschen versuchen. Zum Dorf gehört auch ein Restaurant und ein kleines *Goldgräber-Freilichtmuseum. Kultakuja 35 | Museum und Goldwaschen: Juni–Aug. tgl. 9–18, sonst Mo–Fr 10–17 Uhr | Tel. Museum: 16/62 61 71; Restaurant/Unterkunft: 16/62 61 58 | www.kultamuseo.fi*

# > FINNLAND IST VIELFALT

Endlose Wälder und Schären – die schönsten Ausflugstipps

*Die Touren sind auf dem hinteren Umschlag und im Reiseatlas grün markiert*

## 1 DIE SCHÄRENRING-STRASSE

Der Schärengarten vor Turku bildet einen der schönsten Archipele der Welt. Ein ca. 200 km langer Rundkurs führt Sie durch Küsten- und Schärengemeinden. Statt mit dem Auto zu fahren, können Sie auch Fahrrad oder Roller mieten. Über zwölf Brücken und mithilfe von neun Fähren hüpfen Sie von Insel zu Insel. Infos und kostenlose Karten (mit Restaurant- und Hoteltipps) gibt es bei den Gemeinden, bei Turku Touring und in Parainen beim Touri-Verband Åboland. *www.saaristo.org*; Fahrpläne: *www.fma.fi* Von **Turku** *(S. 54)* fahren Sie über die E18 nach Kaarina und weiter auf der 180 nach **Parainen/Pargas**. Reizvoll präsentiert sich die Altstadt Gamla Malmen. Das Museumscafé **Fredrikan Tupa** ist unbedingt eine süße Sünde wert.

In Lillmälö setzen Sie nach **Nagu/Nauvo** über. Die Fahrt mit den

Bild: Felsenlandschaft bei Hanko

# AUSFLÜGE & TOUREN

gelben Fähren *(lossi)* ist kostenfrei. Die mittelalterliche Feldsteinkirche und das Heimatmuseum verdienen Beachtung, ebenso der schöne Gästehafen im Zentrum.

Bei Nauvo sollten Sie einen Abstecher zur Inseloase *Seili/Själö* machen. Wo heute in blühenden Schärenwiesen eine Forschungsstation steht und eine alte Holzkirche wacht, war früher ein Verbannungsort für Aussätzige und Geisteskranke. Wer es eilig hat,

nimmt von Seili aus die Fähre nach **Rymättylä** und kommt auf kürzerem Weg zurück. Die große Route führt nach einer Rast in Nagu im Café-Restaurant **Laterna Magica** weiter.

Über Pärnäs (Fähre) kommen Sie nun nach **Korpo/Korppoo**. Sehenswert: der Markt mit Kunsthandwerk und Töpferei sowie die Feldsteinkirche aus dem 13. Jh. Einen phantastischen Blick bietet der **Aussichtsturm Solateria** *(in Rumar)*.

Mit der Fähre von Galtby aus setzen Sie über nach **Houtskär**, der einzigen rein schwedischsprachigen Gemeinde. Besuchen Sie das Schärenmuseum und die Holzkirche (1703). Bootstouren führen auf die reizvollen **Jungfruskär-Inseln**, früher militärisches Sperrgebiet. Auf der Ringstraße fahren Sie nach **Iniö**, wobei ab Mossala eine etwa einstündige Fährfahrt *(Mai–Sept.)* einzuplanen ist. Iniö begrüßt den Besucher als Insel der Stiefmütterchen. Sehenswert sind die alten Säge- und Windmühlen ebenso wie die ehrwürdige Kirche **Sofia Wilhelmina**. Schon wartet die nächste Fähre, die Sie wieder zum Festland bringt. **Kustavi/Gustavs** ist das Ziel, Zentrum der nördlichen Schären. Cafés und Kunsthandwerkerläden, der Leuchtturm und die schönen Votivschiffe in der Kirche sind einen Halt wert.

Nächster Punkt ist **Taivassalo**, wo sich die Schärenstraße teilt. Fahren Sie weiter auf der 192 und der 1930 nach **Askainen** – dort sollten Sie unbedingt das historische **Gut Louhisaari** besuchen. Über Merimasku mit dem Spitzenrestaurant **Rantamakasiini** (€– €€) kommen Sie zurück nach Turku.

## 2 KARELIEN: NATUR, HANDWERK UND EIN BISSCHEN RUSSLAND

**Die Rundtour führt Sie von Joensuu, dem Zentrum Nordkareliens, aus zu orthodoxen Traditionen, durch paradiesische Landschaften und bietet Gelegenheiten zum Einkauf schöner Souvenirs.**

1. Tag (130 km): Über die Straße Nr. 74 geht es von Joensuu gut 70 km nach **Ilomantsi** *(S. 79)*. Versäumen Sie nicht die **Elias-Kirche** – sind Sie um das dritte Juliwochenende hier, ist das **Praasniekka-Kirchweihfest** ein unvergessliches Erlebnis. Das **Runosängerdorf** *(Runolaulajan pirtti)*, nebenan ein nettes Lokal mit karelischen Spezialitäten) liegt auf dem Weg (Straße Nr. 500) nach **Möhkö** (abbiegen auf die Nr. 5004). Hier wartet in herrlicher Landschaft das spannende Eisenhüttendorf und -museum *Möhkön Ruukki (Möhköntie 209 | Mai–Aug. tgl. 10–18 Uhr | www.mohkonruukki.fi).* **Inside Tipp**

Der nächste Ausflug von Ilomantsi führt Sie in 40 km nach **Hattuvaara** (Straße Nr. 522). Hier hört zwar die Welt nicht auf – aber 15 km weiter befindet sich mitten im Sumpfgebiet der östlichste Punkt der EU, zu erkennen am Pfahl mit Plakette und den finnischen und russischen Grenzmarkierungen. Wer diesen Punkt im Grenzsicherheitsgebiet besuchen möchte, sorgt vorab bei Karelia Expert oder im **Haus des Kämpfers** *(Taistelijan talo | kriegshistorische Ausstellung, Unterkunft und gutes Restaurant | Hattu | www.arhipanpirtti.com)* für den notwendigen Passierschein. In Hattuvaara steht die winzige orthodoxe **Holzkapelle** *(tsasouna)* **St. Peter**, hier wird am letzten Juniwochenende mit Prozession und Dorffest *Praasniekka* gefeiert. Viele Priester kommen in prächtigen Ornat, die Dorfbewohner in den alten Festtagstrachten. **Inside Tipp**

2. Tag (235 km): Auf der 522 weiter geht es nach **Lieksa** *(S. 81)*. In dem Städtchen am Ostufer des Pielinen-Sees, können Sie sich für die **Koli-Fähre** *(Pielislaivat | Tel. 0400/14 28 19)* am Nachmittag vormerken lassen – oder Sie fahren alternativ die ganze Runde über Nurmes um den See herum. Südlich von Lieksa lohnt der Abste-

cher zum Atelier Ryynänen (Straßen 73, dann 5071), in Lieksa selbst das Freilichtmuseum *(S. 81)*.

Nurmes, die „Stadt der Birken", liegt am Nordwestende des Pielinen, ist Freizeitzentrum und Stützpunkt für Wanderer und Kanuten. Tipp: das Bomba-Haus, die Nachbildung eines karelischen Blockhauses beherbergt ein Spezialitätenrestaurant *(Suojärvenkatu 1 | www.bomba.fi)*.

Die 90-Minuten-Überfahrt zum Berg Koli *(S. 81)* ist ein Erlebnis. Und erst die Aussicht! Jedes Zimmer im Sokos Hotel Koli hat einen Panoramablick über Berge und See mit grandiosen Lichtspielen während der Morgen- und Abenddämmerung. *(75 Zi. | Ylä-Kolintie 3 | Tel. 20/123 46 62 | Fax 13/688 71 94 | www.sokoshotels.fi | €€–€€€)* Versäumen Sie es nicht, die wenigen Schritte zum Gipfel zu gehen und den Nationalpark Koli zu erwandern.

3. Tag (130 km): Von Koli aus fahren Sie nördlich in Richtung Juuka (Straßen Nr. 504 und 6) bis Nunnanlahti *(S. 80)*. Machen Sie einen Stopp beim Steinbruch, schauen Sie nach Souvenirs oder probieren Sie Köstlichkeiten, im Specksteinofen gebacken. Für die Weiterfahrt schlagen Sie den Bogen von Juuka aus auf der Straße Nr. 506, dann 573 nach Outokumpu.

Der Besuch der alten Kupfermine *(Vanha Kaivos | im Sommer tgl. 10–18 Uhr)* ist mit Steingarten, Abbaustollen, Museum, weiter Aussicht vom Fördertum, Multivisionsshow und gutem Restaurant ein interessanter Besichtigungspunkt. Auf der Straße Nr. 17 kehren Sie nach Joensuu *(S. 77)* und damit ins kulturelle Zentrum Nordkareliens zurück.

Aus dem Leben der Waldarbeiter, Köhler und Flößer erzählt das Freilichtmuseum in Lieksa

# EIN TAG IN HELSINKI

Action pur und einmalige Erlebnisse.
Gehen Sie auf Tour mit unserem Szene-Scout

### SÜSSER START

**9:00**

Der Tag beginnt stilvoll – mit einem köstlichen Frühstück im *Café Esplanad*, einem der schönsten Cafés der Stadt. Mit einem duftenden Cappuccino und einer noch warmen, typisch finnischen Zimtschnecke im gemütlichen Kaffeehausambiente langsam wach werden. Wer's noch süßer mag, versucht sich an einem Stück Torte aus der Konditorei. **WO?** *Pohjoisesplanadi 37 | Tel. 09/66 54 96 | www.esplanad.fi*

**10:00**

### BIKING IM STADTWALD

Es geht los zum ersten Abenteuer des Tages. Auf zum Mountainbiking im Stadtwald – mit Upi, dem Fahrradfreak der Stadt! Unbedingt vorher anrufen, gemeinsam mit ihm eine Wunschtour planen – und die unbekannten Ecken der grünen Metropole kennenlernen. Hier ist jede Tour garantiert individuell! **WO?** *Tel. 0400/84 43 58 | www.ecobike.fi*

## MITTAGSSNACK IN HAKANIEMI

**12:30**

Zum Lunch in die *Kauppahalli*: Die Markthalle von Hakaniemi ist nicht nur schön anzusehen, hier gibt's auch ein riesiges Angebot an frischen Lebensmitteln und Snacks. Köstliche Fischspezialiäten und karelische Piroggen probieren. Mit ein bisschen Glück steht die finnische Präsidentin Tarja Halonen plötzlich neben einem – auch sie ist Stammgast in der

*Kauppahalli.* **WO?** *Haltestelle: Hakaniemi Hagnäs | www.hakaniemenkauppahalli.fi*

**14:00**

### LIGHTHOUSE SAFARI

Jetzt wird's rasant! Mit dem Schlauchboot an der Küste entlang zum historischen *Söderskär Leuchtturm* schippern. Der Ausblick ist phantastisch, die Brise steif und alles, was man zur Geschichte des Turms und der City erfährt, echt wissenswert. **WO?** *Kallvikintie 1 | nur für Gruppen | Voranmeldung notwendig: Tel. 09/343 40 00 | www.saaristomaailma.fi*

# 24 h

### AB IN DIE SAUNA

**17:00**

Schwitzen mit Stil in der Sauna *Arla*. In einem Treppenhaus im einstigen Arbeiterviertel Kallio gelegen, gibt's hier statt Meerblick freie Sicht auf wechselnde Kunstausstellungen. Sich von professionellen Wäschern waschen lassen, bei einer finnischen Akupunktur entspannen oder einfach nur vor sich hinschwitzen. **WO?** *Kaarlenkatu 15 | Kosten: 7 Euro | Massage und Akupunktur auf Anfrage | Voranmeldung notwendig: Tel. 09/71 92 18 | www.arlansauna.net*

**20:00**

### RETRO-DINNER IM SLUSSEN

Stylish dinieren – in einem der szenigsten Restaurants des In-Viertels Punavuori! Im 1950er- und 1960er-Jahre-Interior die köstlichen Gerichte von Starkoch Sacha Remling genießen. In der Grillbar-Atmo schmecken die Fleischgerichte am besten! **WO?** *Slussen | Punavuorenkatu 3 | Tel. 09/65 93 80*

### CLUBBEN IM REDRUM

**23:00**

Alles auf Rot! Abtanzen, chillen oder einfach einen Cocktail schlürfen in einem der angesagtesten Sound Labs am Helsinkier Partyhimmel. Das Interior ist aus Holz, die Atmo cool und die Beleuchtung – natürlich – rot! **WO?** *Redrum | Vuorikatu 2 | www.redrum.fi*

**3:00**

### NACHTSCHWIMMEN UND CHILLEN

Tagsüber werden die lustig aussehenden schwimmenden Tische an Helsinkis Stränden dafür genutzt, um Teppiche zu waschen. Nachts dienen sie als Sprungturm: von den Teppichwaschanlagen ins kühle Nass springen und die Erfrischung genießen! Wem das zu kalt ist, der lässt die Nacht im Park ausklingen, beim nächtlichen Picknick. Der Sonnenaufgang ist nicht mehr weit! **WO?** *Hietaniemi*

## > WO HERZEN HÖHER SCHLAGEN

Unberührt, einsam und wunderschön: Finnlands Wälder und Seen bieten alles, was Sportler im Urlaub glücklich macht

> **Sport gehört in Finnland zum Alltag. Einige Sportarten allerdings lassen das Herz der Finnen besonders hoch schlagen – das ist im Sommer** *pesäpallo*, **eine eigenständige Form des Baseball, und** *mölkky*, **Freiluft-Kegeln mit Hölzern. Im Winter ist Eishockey der populärste Sport.** Wintersportarten und Leichtathletik besitzen in Finnland eine lange Tradition, sehr populär ist auch der Motorsport. Egal, was Ihre Leidenschaft ist – in Finnland werden Sie fündig.

### ■ ANGELN & EISANGELN ■

Finnland ist ein Mekka für Freizeitangler. Wer sich auf eine kurze Rute fürs Eisangeln (die „Pimpel") beschränkt, braucht keinen Angelschein. Wer dagegen andere Geräte anwendet, muss zahlen: Angler zwischen 18 und 65 Jahren müssen die „Gebühr zur Pflege der Fischgründe" (6 Euro/Woche, 20 Euro/Jahr) entrichten sowie eine Angelgenehmigung des jeweiligen Gewässerbesit-

Bild: Hundeschlittensafari

# SPORT & AKTIVITÄTEN

zers erwerben (bei Kommunen 8 Euro/Woche, 27 Euro/Jahr). Dann kann es Barsch, Hecht, Zander, Forelle und Äsche an die Kiemen gehen. Für die Ålandinseln gelten Sonderbestimmungen.

Ein besonderer Volkssport ist das winterliche Eisangeln. Überall, selbst in der Hauptstadt, sieht man dann vermummte Gestalten an Eislöchern sitzen und geduldig auf den nächsten Fang warten.

### ■ GOLF

Auf den 115 Plätzen des Landes – fast die Hälfte davon 18-Loch-Anlagen – können auch Gäste aus dem Ausland die Bälle über den Rasen treiben. Ein Green Fee kostet je nach Anlage 20–100 Euro/Tag. Ein tolles Erlebnis sind Sommernachtsturniere, wenn die Sonne ihr goldgelbes Licht wirft – oder als Kontrast ein Abschlag beim Eisgolf. *Suomen Golfliitto | Tel. 09/34 81 25 20 | www.golf.fi*

**Insider Tipp**

## ■ KAJAK & KANU

Gemächliches Wasserwandern oder rasantes Wildwasserfahren – in Finnland ist beides möglich. Schier unendlich sind die Wasserwege, die ausgearbeiteten Routen entlang und zwischen Inseln, Seen, Buchten und Flussläufen. Boote sind fast überall zu mieten. Besonders schöne Strecken und Kanucamps gibt es in der Region Puumala/Juva. Die regionalen Touristenbüros halten Informationen und Kartenmaterial bereit. Infos unter *www.canoeinfinland.com*.

## ■ RADFAHREN & MOUNTAINBIKEN

Radfahren wird immer populärer. Entsprechend finden sich auch in den Städten zunehmend gesonderte Radwege. Die Nebenstraßen sind gut geeignet für Radtouren, die geringen Höhenunterschiede kommen den Fahrern entgegen. Räder können Sie in allen Tourismuszentren leihen. Für Freunde des Offroadsports gibt es Querfeldeinpisten. Radkarten oft bei den Tourismusbüros, Infos unter *www.visitfinland.com*.

## ■ SEGELN

Überall an der Küste wird dieser Sport betrieben. In den Häfen können Sie Boote mieten, werden Kurse angeboten. Achten Sie unbedingt auf Wetterwarnungen! Den größten Gästehafen Finnlands hat Hanko. Ausführliche Informationen: *Finnish Yachting Association | Tel. 020/796 42 00*

## ■ WANDERN

Finnland zu Fuß erkunden, das ist bei guter Vorbereitung sicher die schönste, weil unmittelbarste Art, Land und Leute kennen zu lernen. Ob es sich um einen verlängerten Spaziergang handelt oder eine ausgewachsene Trekkingtour – die Möglichkeiten sind vielfältig. Aber achten Sie auf warme Kleidung und feste Schuhe. Kompass, Karte, Proviant, Verbandzeug, Mückenschutz und Handy gehören in den Rucksack. Hinterlassen Sie Ziel und geplante Dauer Ihres Trips. Wer mehr über Fauna und Flora erfahren will, schließt sich einer geführten Touren mit Guides an.

Gearbeitet wird an dem Ausbau der europäischen Fernwanderwege in Finnland. Bislang sind vier Routen ausgezeichnet. Infos bei: *Metsähallitus (Amt für Staatswälder) | Tel. 0205/641 00 | www.outdoors.fi, www.luontoon.fi*

## ■ WINTERSPORT

Wo ein langer Winter Schnee satt garantiert, ist Wintersport variantenreich und beliebter Volkssport.

*Skifahren:* Skifahren bedeutet in Finnland hauptsächlich Langlaufen bzw. Skiwandern. Je weiter nördlich, desto besser werden die Bedingungen. Es gibt endlose Strecken und bis zu 200 Tage Schneegarantie im Jahr. Natürlich werden auch jede Menge Wettbewerbe organisiert, bei denen es allerdings mehr ums Mitmachen als ums Gewinnen geht. Der unbestrittene Superlativ ist die Langlauftour von Grenze zu Grenze, die längste geführte Skiwanderung der Welt: 444 km geht es dabei von der russischen zur schwedischen Grenze, immer entlang dem Polarkreis.

Auch für Abfahrtslauf und Snowboarding finden Sie in Finnland gute Bedingungen. Mittlerweile gibt es fast

# SPORT & AKTIVITÄTEN

überall Halfpipes, mancherorts Snow-boardstreets. Ruka bietet sogar eine *boarder cross street*. Die Skisaison dauert von November bis Mai. Die besten Zeiten sind Februar und März.

*Eislaufen:* Ein Sport für Jung und Alt auf jedem zugefrorenen See, aber auch mitten in Helsinki, z. B. auf der *Kallio-Eisbahn (Helsinginkatu 23 | Tel. 09/753 29 32).* Beim *Finnland-Eismarathon* auf dem See Kallavesi bei Kuopio (Ende Feb./Anf. März) sind meist rund 7000 Eisläufer am Start. In verschiedenen Disziplinen zwischen 12,5 und 200 km kann hier jedermann mitmachen.

*Schlittenfahren:* Ein großes Comeback hat der Tretschlitten ge-feiert, der ähnlich wie ein Kinderrol-ler gefahren wird. Im nordkareli-schen Kiihtelysvaara wird eine vier-tägige Tretschlittentour über 60 km

angeboten. Hundeschlittensafaris gibt es in Karelien und Lappland. Tipp: Das *Äsäskero Sleddogcenter* liegt 200 km nördlich des Polarkrei-ses in Lappland in der Nähe der schwedischen Grenze und bietet von Einsteigertrails bis Expeditionen Tou-ren für jeden Geschmack: *www.akas-kero.com.* Ein tolles Erlebnis sind Rentierschlittenfahrten, meist mit sa-mischen Führern *(Rentierfarm Inarin Porofarmi in Inari/Lappland | www. reindeerfarm.fi).*

Insider Tipp

*Eislochbaden* ist nicht nur ein ty-pisch finnisches Privatvergnügen nach dem Saunagang, sondern es gibt Nachbarschaften, die dem kalten Vergnügen regelmäßig und in Grup-pen frönen. Zuschauen oder am bes-ten gleich mitmachen (vielleicht in Rastila/Helsinki) – sicher ein unver-gessliches Urlaubserlebnis!

Raftingspaß: Nasswerden und Nervenkitzel sind garantiert

## > FÜR NEUGIERIGE UND TRÄUMER

Mehr als Vergnügungsparks: In Finnland denkt man auch in Museen und Wissenschaftszentren an Kinder

> **Kinder sind überall im Land willkommen.** Hochstühle im Restaurant oder Betreuung im Einkaufszentrum sind selbstverständlich. Was besonders auffällt: Kinder werden ernst genommen. Man strengt sich an, ihnen auch „erwachsene" Sehenswürdigkeiten verständlich zu machen.

### ▬ HELSINKI ▬▬▬▬

#### LINNANMÄKI                              [0]

Seit gut 50 Jahren ist der Vergnügungspark im Sommer eine der Hauptattraktionen: mit Fahrgeschäften, Riesenrad, Showbühne und Pferdebahn. *Tivolikuja 1 | Ende April–Mitte Sept., im Sommer tgl. 11–22 Uhr | 30 Euro, Kinder (bis 120 cm) 20 Euro | www.linnanmaki.fi*

#### SEALIFE                                [0]

Haie, Seepferdchen und andere Meerestiere (fast) zum Anfassen. *Tivolitie 10, neben Linnanmäki | Mai–Aug. tgl. 10–20, sonst Do–Di 10–17,*

> *www.marcopolo.de/finnland*

# MIT KINDERN REISEN

Mi 10–20 Uhr | 12 Euro, Kinder 9 Euro | *www.sealife.fi*

### WISSENSCHAFTSZENTRUM HEUREKA [120 C5]

Alles über den menschlichen Körper, übers Fliegen, Basketball spielende Ratten – und das Ganze interaktiv und zum Ausprobieren. Es gibt ein Planetarium, eine 180-Grad-Projektion, Sonderausstellungen und Theater. *Tikkurila, Vantaa | Mo–Mi/Fr 10–* 17, Do 10–19, Sa/So 10–18 Uhr | *Eintritt (inkl. Sonderausstellungen/ Theater) 19 Euro, Kinder 12,50 Euro | www.heureka.fi*

### ZOO-INSEL KORKEASAARI [O]

Schneeleoparden, Waldrentiere und Arktische Eulen warten zusammen mit mehr als 1000 Artgenossen in Europas nördlichstem Zoo auf Tierfreunde. Der Zoo liegt in einer Bucht vor Helsinki und ist gut mit öffentlichen Verkehrsmitteln zu erreichen. Toll: die Dämmerungstouren und Nachtöffnungen. *Mai–Sept. per Boot vom Marktplatz; ganzjährig mit der Metro bis Herttoniemi, dann mit Bus 11 | tgl. 10–16, April/Sept. 10–18, Mai–Aug. 10–20 Uhr | Eintritt 5, Kinder 3 Euro | www.korkeasaari.fi*

## ◼ KÜSTE UND INSELN ◼◼◼◼

Insider Tipp

### KURALAN KYLÄMÄKI, TURKU [120 A5]

Das „Dorf der lebenden Geschichte" präsentiert einen Bauernhof original aus den 1950er-Jahren. Hier können Kinder mit echtem Inventar spielen, Tiere füttern und die Landarbeit erleben. Und es gibt eine Werkstatt für experimentelle Archäologie, in der man z. B. Pfeil und Bogen schnitzen darf. *Jaanintie 45 | Juni–Mitte Sept. Mi–So. 10–18 Uhr | Eintritt 5 Euro, Kinder 3 Euro | www turku.fi/museo*

### WISSENSCHAFTSZENTRUM TIETOMAA, OULU [122 C3]

Anfassen, ausprobieren, begreifen – über 180 Experimente und Exponate erwarten die Besucher. *Nahkateh-taankatu 6 | Sept.–Feb. Mo–Fr 10–16, Sa/So 10–18 Uhr, März–Aug. tgl. 10–18 Uhr | Eintritt 13 Euro, Kinder 10 Euro | www.tietomaa.fi*

### WASALANDIA, VAASA [122 A6]

Im Einbaum die Wildwasserbahn hinabrasen, als Cowboy durch die Westernstadt bummeln, die Riesen-Piratenschiffsschaukel genießen – nur einige der vielen Attraktionen, die Besucher in Wasalandia erwarten. *Vaskiluoto | Juni tgl. 11–17, Juli 11–19 Uhr, 2. Maihälfte/Aug. Extra-tage | Eintritt 20 Euro, Kinder 15 Euro | www.wasalandia.fi*

## ◼ SEENFINNLAND ◼◼◼◼

### EISHOCKEYMUSEUM, TAMPERE [120 B3]

Insider Tipp

Selber ausprobieren, wie schwer der Puck ins Tor geht! Mit dem Tor-schusssimulator kann es jeder mal versuchen. Außerdem erfährt man im größten Eishockeymuseum Europas alles zur Geschichte des Sports. *Museumszentrum Vapriikki, Veturiaukio 4 | Di/ Do–So (Sommer auch Mo) 10–18, Mi 11–20 Uhr | Eintritt 5, Kinder 1 Euro | www.tampere.fi/vapriikki*

### MUMINTAL (MUUMI-LAAKSO), TAMPERE [120 B3]

Muminfans werden begeistert sein: Nicht nur Originalzeichnungen der freundlichen, breitschnäuzigen Mär-chenfiguren von Tove Jansson sind hier zu sehen, sondern auch ein komplett eingerichtetes fünfstöckiges Mu-minhaus mit Balkonen und Geheim-gängen. *Hämeenpuisto 20 | Di–Fr (Juni–Aug. auch Mo) 9–17, Sa/So 10–18 Uhr | Eintritt 4 Euro, Kinder 1 Euro | www.tampere.fi/muumi*

### SPIONAGEMUSEUM, TAMPERE [120 B3]

Freunde von 007 aufgepasst: Hier dreht sich alles um die geheime Mis-sion. Geheimschriften, Abhörtechni-ken, Lügendetektoren, Spionageka-meras, Agententests. *Satakunnankatu 18 B | Sommer Mo–Sa 10–18, So 10–16, sonst Mo–Fr 12–18, Sa/So 11–17 Uhr | Eintritt 7 Euro, Kinder 5,50 Euro | www.vakoilumuseo.fi*

### VIHERLAAKSO, JYVÄSKYLÄ [120 C2]

Ob lärmend auf dem Urwaldpfad oder fasziniert vor dem Puppenthea-ter, die Zeit vergeht wie im Fluge. *Kammintie 4 | Juni–Mitte Aug. tgl. 10–18 Uhr | Eintritt 8 Euro, Kinder*

*12 Euro (inkl. Aktivitäten) | www.viherlaakso.com*

## WALDFINNLAND

### CARELICUM, JOENSUU [121 F2]

In einer Art Märchenstadt erfahren die Besucher, wie man früher in Karelien gelebt hat. Im Carelicum bekommen Sie außerdem Gratiskarten für *Höyry Wille*, die lustige Eisenbahn, die Kinder durch die Stadt fährt. *Koskikatu 5 | Mo–Fr 10–17, Sa/So 11–16 Uhr | Eintritt 4,50 Euro, Kinder 2,50 Euro | www.pohjoiskarjalanmuseo.fi.*

## LAPPLAND

### ARKTIKUM, ROVANIEMI [123 D1]

Wer weiß schon, wie viele Worte die Inuit (Eskimo) für Schnee haben? Und wo liegt der magnetische Pol? Auf diese und andere Fragen rund um das Leben im äußersten Norden gibt das Arktikum Antworten. Über das Thema Nordlicht informiert eine Multimediaschau. *Pohjoisranta 4 | Sept.–Mai Di–So 10–18, Juni–Aug. tgl. 10–18 Uhr | Eintritt 10 Euro, Kinder 5 Euro | www.arktikum.fi*

### WEIHNACHTSMANNWERKSTATT UND SANTA PARK, ROVANIEMI [123 D1]

Hier, am Polarkreis, dreht sich alles um Weihnachten. Es gibt ein Weihnachtspostamt, in dem jährlich 250000 Wunschzettel eingehen. Und im Santa Park ist die Höhle zu besichtigen, in der Santa Claus zusammen mit den Elfen wohnt. Außerdem: eine interaktive Show über Rentiere. *Santa-Dorf: Jan.–Mai, Sept.–Nov. tgl. 10-17, Juni–Aug., Dez 9–18 Uhr, www.santaclausvillage.fi | Santapark nur Sommer: Di–Sa 10–16, Dez. Di–So 10–18 Uhr | Eintritt 20 Euro, Kinder 15 Euro | www.santapark.com*

Ein Besuch beim Weihnachtsmann am Polarkreis – das geht auch im Sommer

# > VON ANREISE BIS ZOLL

Urlaub von Anfang bis Ende: die wichtigsten Adressen und Informationen für Ihre Finnlandreise

## ANREISE

### AUTO, SCHIFF

Viele Wege führen nach Finnland, die meisten übers Wasser. Der schnelle Weg über die Ostsee: Von Lübeck-Travemünde nach Helsinki fahren täglich komfortable Kombifähren der Reederei Finnlines in ca. 27 Std. *(www.ferrycenter.fi)*. Alternativ erreichen die Superfast-Fähren der estnischen Reederei Tallink Silja Helsinki in 24 Stunden von Rostock *(www.tallinksilja.com)*. Es gibt viele Ermäßigungen – nachfragen! Über Schweden (Stockholm) kommen Sie via Åland nach Helsinki bzw. Turku und Siljaline *(www.tallinksilja.com)* und Viking Line *(www.vikingline.de)*.

Mit entsprechenden Durchgangstickets können Sie auch die Reedereien Scandlines *(www.scandlines. de)*, Stena Line *(www.stenaline.de)* oder TT-Line *(www.ttline.com)* in Anspruch nehmen.

### BAHN

Die Anreise mit der Bahn ist recht umständlich. Am besten kommen Sie über die „Vogelfluglinie" voran: Hamburg via Kopenhagen nach Stockholm und dann mit der Fähre.

### FLUGZEUG

Nur zwei Stunden dauert der Flug z. B. von Hamburg zum internationalen Flughafen Helsinki-Vantaa. Dort

# PRAKTISCHE HINWEISE

besteht Anschluss zu 21 innerfinnischen Destinationen. Direktflüge nach Finnland bieten mehrmals täglich Finnair *(www.finnair.com)* und Lufthansa *(www.lufthansa.com)*. Dazu haben derzeit folgende Billigflieger Finnland im Angebot: Air Berlin *(www.airberlin.com)*, Blue1 *(www.blue1.com)* und Ryan Air *(www.ryanair.com)*. Außerdem Austrian Airlines und Swiss International. Fragen Sie nach Sonderangeboten!

## ◼ AUSKUNFT

### FINNISCHE ZENTRALE FÜR TOURISMUS

Nach Schließung ihrer Auslandsbüros (auch in Frankfurt) ist die Finnische Zentrale für Tourismus nur via Internet erreichbar: Auf der Webseite kann man Broschüren bestellen und downloaden. Es gibt zahlreiche Links zu finnischen Destinationen und touristischen Angeboten. *www.visitfinland.de* | *mek@mek.fi*

## ◼ AUTO

Das Fernstraßennetz ist gut ausgebaut, obwohl es nur wenige Autobahnen gibt. Selbst unbefestigte Straßen wichtigerer Ordnung sind gut zu befahren. Auf Schotter-Nebenstrecken immer vorsichtig fahren – es besteht mitunter erhöhte Rutschgefahr! Wichtig: Ganzjährig muss auch bei Tag mit Abblendlicht gefahren werden. Für alle Insassen gilt Gurtpflicht. Die Promillegrenze liegt bei 0,5. Verstöße jeder Art werden empfindlich bestraft (das Bußgeld wird in Tagessätzen auf das Einkommen bezogen!). Tempolimit: 50 km/h in Ortschaften, 80 bzw. 100 km/h (ausgewiesen) außerhalb, auf Schnellstraßen und Autobahnen 120 km/h. Nehmen Sie Warnungen vor Rentieren oder Elchen unbedingt ernst! Der Fahrer braucht einen nationalen Führerschein. Tankstellen haben meist von 7–21 Uhr geöffnet. Denken Sie v. a. im Norden daran, rechtzeitig zu tanken (geringe Netzdichte)! Unfälle müssen sofort unter Tel. 100 22 (Polizei-Notruf) gemeldet werden, außerdem Meldung bei der Zentralstelle der finnischen Autoversicherer *(Liikennevakuutuskeskus* | *Tel. 09/68 04 01). Auskunft: Autoliitto* | *Hämeentie 105A, Helsinki* | *Tel. 09/72 58 44 00* | *Fax 72 58 44 60* | *www.autoliitto.fi*

## ◼ CAMPING

350 Campingplätze sind gleichmäßig im Land verteilt, 200 gehören zum finnischen Campingverband. Klassifizierung: ein bis fünf Sterne. Ein Internationaler Campingausweis bzw. eine *Camping Card Scandinavia* – problemlos vor Ort zu erstehen – sind obligatorisch. Die Übernachtungskosten für eine Familie mit Zelt oder Caravan betragen ca. 15–25 Euro, je nach Ausstattung des Platzes. Viele Campingplätze bieten zusätzlich Holzhütten. *Auskunft und Informationsblatt: Finnish Camping-*

site Association | *Mäntytie 7, Helsinki | Tel. 09/47 74 07 40 | Fax 477 20 02 | www.camping.fi*

## DIPLOMATISCHE VERTRETUNGEN

**BOTSCHAFT DER BUNDESREPUBLIK DEUTSCHLAND**

*Krogiuksentie 4 B, Helsinki | Tel. 09/45 85 80 | www.helsinki.diplo.de*

**BOTSCHAFT DER REPUBLIK ÖSTERREICH**

*Unioninkatu 22, Helsinki | Tel. 09/681 86 00 | helsinki-ob@bmeia.gv.at*

**BOTSCHAFT DER SCHWEIZ**

*Uudenmaankatu 16A, Helsinki | Tel. 09/622 95 00 | www.eda.admin.ch/helsinki*

## EINREISE

Bei bis zu drei Monaten Aufenthalt genügt für Bürger der EU und der Schweiz der Personalausweis.

Die Finlandia-Halle in Helsinki ist ein Werk des Stararchitekten Alvar Aalto

## EINTRITTSPREISE

Vielerorts ist der Eintritt in staatliche und städtische Museen umsonst, sonst liegt er meist zwischen 3 und 8 Euro, Kinder oft bis zu 50% Ermäßigung oder frei. Günstig sind auch Familienkarten. Nur private Einrichtungen, Vergnügungsparks etc. sind teurer. Erkundigen Sie sich beim örtlichen Touristenbüro nach günstigen Dauerkarten für alle Sehenswürdigkeiten (z.T. inkl. Benutzung öffentlicher Verkehrsmittel).

## GESUNDHEIT

Der medizinische Standard ist hoch. Erkundigen Sie sich bei Ihrer Krankenkasse/Versicherung, wie diese mit Finnland abrechnet und nehmen Sie die europäische Krankenversicherungskarte mit. Mit der Schweiz besteht kein Behandlungsabkommen, informieren Sie sich vorab bei Ihrer Versicherung. Infos in Deutschland: *www.dvka.de*

## INTERNET

Kaum ein Land der Welt hat pro Kopf so viele Internetanschlüsse – Finnen surfen ausgiebig und zielgerichtet. Praktisch alle Städte sind unter *www.(namederstadt).fi* zu finden. Gut auch: *http://virtual.finland.fi* (Nachrichten, Infos), *www.finnland.de* (Finnische Botschaft), *www.hs.fi/english* (internationale Seiten der Zeitung Helsingin Sanomat), *www.dfg-portal.de (Deutsch-Finnische Gesellschaft*

## INTERNETCAFÉS

Fast alle größeren Hotels, alle öffentlichen Bibliotheken und viele andere öffentliche Gebäude sowie Bars bie-

# PRAKTISCHE HINWEISE

ten Internetzugang und/oder WLAN gratis oder gegen geringe Gebühr an – und das nicht nur in Helsinki. Tipp für die Landeshauptstadt: *Lasipalatsi* im Zentrum, u.a. in der Internetbibliothek und der M-bar.

## KLIMA

Das Kontinentalklima beschert Finnland warme Sommer und kalte Winter. Der Südosten Finnlands hat die höchsten sommerlichen Durchschnittstemperaturen in ganz Skandinavien. Dann steigt die Wassertemperatur in Buchten und flachen Seen schnell auf über 20 Grad. Wegen der großen Nord-Süd-Ausdehnung gilt: Im Norden kommt der Winter (und der Schnee) früher und geht später.

## MIETWAGEN

Autovermietungen sind überall vertreten, die Preise etwas höher als bei uns. Örtliche Unternehmen sind oft preiswerter als internationale. Kleinwagen ab 55 Euro (ohne Kilometerbegrenzung). Es gibt zuhauf Preisnachlässe, Wochenangebote, Sondertarife. Weitere Angebote für Autovermietungen finden Sie auch unter *www.marcopolo.de*.

## NOTRUF

Landeseinheitlich *112* (gratis)

## ÖFFENTLICHE VERKEHRSMITTEL

Die Züge sind komfortabel, schnell und preisgünstig, wenn auch das Netz nicht sehr dicht ist *(www.vr.fi)*. Dafür gibt es viele Buslinien, darunter Schnellbusse, die große Entfernungen rasch und preiswert überwinden. Regionalbusse bringen Sie auch

in das entfernteste Dorf *(www.expressbus.com, www.matkahuolto.fi)*. Doch noch schneller geht es natürlich mit Inlandsflügen. Zu den von Finnair angebotenen Inlandsflügen gibt es einen Finnair-Bus am Zielflughafen für den Transfer zum Ort. Bei regionalen Linien sollte man Taxi oder Mietwagen vorbestellen.

## ÖFFNUNGSZEITEN

Die Geschäfte haben in der Regel Mo–Fr 9–20 Uhr, größere Kaufhäu-

## WAS KOSTET WIE VIEL?

| | | |
|---|---|---|
| > KAFFEE | **AB 1,80 EURO** für eine Tasse Kaffee | |
| > BAHNTICKET | **CA. 26 EURO** für Hin- und Rückfahrt per IC von Helsinki nach Turku | |
| > BIER | **3–5 EURO** für die Halbe im Lokal | |
| > KÄSE | **6,80 EURO** für 1 kg | |
| > BENZIN | **1,35 EURO** für 1 Liter Super | |
| > BROT | **1,25 EURO** für 500 gr | |

ser in der Woche bis 21 Uhr geöffnet und Sa 9–15, manche bis 18 Uhr (einige länger). Kernöffnungszeiten der Banken: Mo–Fr 9–16 Uhr. Viele Museen haben montags geschlossen. Achtung: Finnische Museen ändern sehr oft ihre Öffnungszeiten. Erkundigen Sie sich bei den Touristeninformationen!

Öffnungszeiten: Mo–Fr 9–17 Uhr, in größeren Städten 9–18 Uhr. Briefmarken gibt es auch in Hotels, auf Bahnhöfen, bei Schreibwaren- und Buchhandlungen sowie in den mit einem R gekennzeichneten Kiosken. Porto für einen Brief oder eine Postkarte: 70 Cent.

███ PREISE ███████████

Seit 2002 ist der Euro offizielles Zahlungsmittel. Im Barzahlungsverkehr werden 1- und 2-Cent-Münzen nicht eingesetzt. Die Preise werden auf 5 Cent auf- bzw. abgerundet.

Das Preisniveau liegt nur noch ca. 10% über dem deutschen. Teurer sind lediglich Obst und Gemüse, die wegen der kurzen Saison entweder im Gewächshaus produziert oder eingeführt werden müssen. Auch die heimische Fleischproduktion deckt den Bedarf nicht ganz, die Preise sind entsprechend etwas höher. Alkohol wird hoch besteuert und ist dementsprechend teuer.

███ SPRACHE ███████████

Machen Sie nicht den Versuch, im Urlaub Finnisch zu lernen: Sie schaffen es nicht. Die Sprache ist uns sehr fremd. Sie gehört zu den finnisch-ugrischen Sprachen und ist mit Ungarisch und Estnisch verwandt. Viele Finnen sprechen Englisch, etliche sogar Deutsch. Die Verständigung ist also kein Problem. Aber mit ein paar Höflichkeitsfloskeln in der Landessprache können Sie den Finnen durchaus eine Freude machen und punkten. Eine Minderheit von 5,9% spricht schwedisch, die zweite Amtssprache in Finnland.

███ STROM ███████████

230 Volt, wie bei uns passen auf Steckdosen die Eurostecker.

## WETTER IN HELSINKI

| Jan. | Feb. | März | April | Mai | Juni | Juli | Aug. | Sept. | Okt. | Nov. | Dez. |
|------|------|------|-------|-----|------|------|------|-------|------|------|------|
| –3 | –4 | 0 | 6 | 13 | 19 | 22 | 20 | 15 | 8 | 4 | 0 |
| **Tagestemperaturen in °C** | | | | | | | | | | | |
| –8 | –9 | –6 | 0 | 6 | 11 | 14 | 13 | 9 | 4 | 0 | –4 |
| **Nachttemperaturen in °C** | | | | | | | | | | | |
| 1 | 2 | 5 | 6 | 8 | 10 | 9 | 7 | 5 | 3 | 1 | 1 |
| **Sonnenschein Std./Tag** | | | | | | | | | | | |
| 12 | 9 | 7 | 9 | 7 | 8 | 9 | 10 | 10 | 11 | 11 | 12 |
| **Niederschlag Tage/Monat** | | | | | | | | | | | |
| 1 | 1 | 1 | 2 | 5 | 11 | 16 | 16 | 13 | 9 | 5 | 3 |
| **Wassertemperaturen in °C** | | | | | | | | | | | |

# PRAKTISCHE HINWEISE

## TELEFON & HANDY

Nach Finnland wählen Sie von Deutschland, Österreich und der Schweiz zuerst *00358*, dann die finnische Vorwahl ohne die 0, dann die Teilnehmernummer. Vorwahl nach Deutschland: *0049*. Österreich: *0043*. Schweiz: *0041*. Je nach Telefongesellschaft wählt man statt der 00 auch 990, 994 oder 999, dann folgt die Ortsvorwahl ohne die 0, zum Schluss die Teilnehmernummer.

Handy: Beim Roaming spart, wer das günstigste Netz wählt. Mit einer finnischen Prepaid-Karte entfallen die Gebühren für eingehende Anrufe. Prepaid-Karten-Angebote wie die von GlobalSim *(www.globalsim.net)* oder Globilo *(www.globilo.de)* sind zwar teurer, ersparen aber ebenfalls alle Roaming-Gebühren. Vorteil: Sie bekommen schon zu Hause Ihre neue Nummer. Immer günstig sind SMS. Hohe Kosten verursacht die Mailbox: noch vor der Abreise abschalten, das ist nur im Heimatland möglich!

## UNTERKUNFT

Zur Hauptreisezeit, im Sommer, sind die Hotels günstiger als in der Nebensaison. Der Grund: Die Finnen verschwinden dann in ihre Sommerhäuschen, und in den Städten spielt sich nichts mehr ab. Fragen Sie also grundsätzlich nach Sonderpreisen, Sie können immens sparen (bis über 50%). Ebenso gibt es häufig preiswerte Wochenendpakete. Eine gute Alternative für Ermäßigungen sind Hotelschecks, die man in Reisebüros bekommt (z.B. Finncheque, Sokos). Der Vorteil dieser Variante: Sie reisen billiger. Der Nachteil: Sie sind an eine bestimmte Hotelkette gebunden.

## ZEIT

Es gilt die OEZ (Osteuropäische Zeit), die uns eine Stunde voraus ist; Sie müssen Ihre Uhr also um eine Stunde vorstellen. Auch Finnland hat Sommerzeit.

## ZEITUNGEN

FAZ, Süddeutsche, Welt: ganzjährig am Flughafen Helsinki sowie in den

Lagerfeuerromantik in Lappland

Bahnhöfen Helsinki, Tampere und Turku erhältlich; in der Hochsaison auch in Haupttouristenzentren (dann dort auch Bild-Zeitung); alle einen Tag nach Erscheinen. Stern, Spiegel, Zeit und internationale deutschsprachige Magazine gibt es ganzjährig in gut sortierten Zeitschriftenläden oder Supermärkten.

## ZOLL

Innerhalb der Europäischen Union dürfen Privatreisende (aber nicht Gewerbetreibende) die meisten Waren, die sie für ihren persönlichen Verbrauch (oder als Geschenk) eingekauft haben, frei ein- und ausführen. Das gilt auch für Alkohol, Tabakwaren und Medikamente. Nähere Infos finden Sie unter *www.zoll-d.de* und *www.tulli.fi*.

# > PUHUTKO SUOMEA?

Sprichst Du Finnisch?" Dieser Sprachführer hilft Ihnen,
die wichtigsten Wörter und Sätze auf Finnisch zu sagen

## Aussprache

Das Finnische wird in der Regel so ausgesprochen, wie es geschrieben wird. Es ist aber wichtig, darauf zu achten, dass die vielen Doppelvokale und -konsonanten auch wirklich doppelt ausgesprochen werden, da es sonst zu Missverständnissen kommen kann (Bsp.: tuuli Wind – tulli Zoll).

## ■ AUF EINEN BLICK ■

| | |
|---|---|
| Ja. | Kyllä. |
| Nein. | Ei. |
| Vielleicht. | Ehkä. |
| Einverstanden! | Sopii! |
| Bitte. | Olkaa hyvä./Ole hyvä. |
| Danke. | Kiitos. |
| Gern geschehen. | Eipä kestä. |
| Entschuldigung! | Anteeksi! |
| Wie bitte? | Anteeksi kuinka? |
| Ich verstehe Sie/dich nicht. | En ymmärrä Teitä/sinua. |
| Ich spreche nur wenig … | Puhun vain vähän … |
| Können Sie mir bitte | Voitteko auttaa minua? helfen? |
| Ich möchte … | Haluaisin … |
| Das gefällt mir. | Pidän siitä. |
| Das gefällt mir nicht. | En pidä siitä. |
| Haben Sie …? | Onko Teillä …? |
| Wie viel kostet es? | Kuinka paljon se maksaa? |
| Wie viel Uhr ist es? | Kuinka paljon kello on? |

## ■ KENNENLERNEN ■

| | |
|---|---|
| Guten Morgen! | Hyvää huomenta! |
| Guten Tag! | Hyvää päivää! |
| Guten Abend! | Hyvää iltaa! |
| Hallo! Grüß Dich! | Hei! Terve! |
| Mein Name ist … | Minun nimeni on … |
| Wie ist Ihr/Dein Name? | Mikä Teidän nimenne/ sinun nimesi on? |
| | |
| Wie geht es Ihnen/Dir? | Mitä Teille/sinulle kuuluu? |
| Danke. Und Ihnen/Dir? | Kiitos hyvää. Entä Teille/sinulle? |
| Auf Wiedersehen! | Näkemiin! |
| Tschüss! | Hei! |

> *www.marcopolo.de/finnland*

# SPRACHFÜHRER FINNISCH

| | |
|---|---|
| Bis später! Bis bald! | Nähdään! |
| Bis morgen! | Nähdään huomenna! |

## ■ UNTERWEGS ■

### AUSKUNFT

| | |
|---|---|
| links/rechts | vasemmalla/oikealla |
| geradeaus | suoraan |
| nah/weit | lähellä/kaukana |
| Entschuldigung, wo ist …? | Anteeksi, missä on …? |
| Wie weit ist das? | Kuinka kaukana se on? |
| Ich möchte … mieten. | Haluaisin vuokrata … |
| … ein Auto … | … auton. |
| … ein Fahrrad… | … polkupyörän. |
| … ein Motorrad… | … moottoripyörän. |

### PANNE

| | |
|---|---|
| Ich habe eine Panne. | Autossani on vikaa. |
| Würden Sie mir bitte | Voisitteko lähettää minulle |
| einen Abschleppwagen schicken? | hinausauton? |
| Wo ist hier in der Nähe | Missä on lähin korjaamo? |
| eine Werkstatt? | |

### TANKSTELLE

| | |
|---|---|
| Wo ist die nächste | Missä on lähin huoltoasema? |
| Tankstelle? | |
| Geöffnet. | Avoinna |
| Geschlossen. | Suljettu |
| Selbstbedienung. | Itsepalvelu |
| Ich möchte … Liter … | Haluaisin … litraa … |
| … Normalbenzin. | … tavallista bensiiniä. |
| … Super/Diesel. | … korkeaoktaanista/dieseliä. |
| … bleifrei/verbleit. | … lyijytöntä./… lyijypitoista. |
| Voll tanken, bitte. | Tankki täyteen, kiitos. |

### UNFALL

| | |
|---|---|
| Hilfe!/Vorsicht! | Apua! [apua]/Varokaa! |
| Es ist ein Unfall passiert. | On tapahtunut onnettomuus. |
| Rufen Sie bitte … | Olkaa hyvä ja soittakaa … |
| … einen Krankenwagen. | … ambulanssi. |
| … die Polizei. | … poliisi. |

... die Feuerwehr.
... palokunta.

Haben Sie Verbandszeug?
Onko Teillä sidostar - vikkeita?

Es war meine Schuld.
Se oli minun vikani.

Es war Ihre Schuld.
Se oli Teidän vikanne.

Geben Sie mir bitte Ihren
Namen und Ihre Anschrift.
Voisitteko antaa minulle nimenne ja osoitteenne.

Vielen Dank für Ihre Hilfe.
Kiitoksia paljon avustanne.

## ESSEN/UNTERHALTUNG

Wo gibt es hier ...
Missä täällä on ...

   ... ein gutes Restaurant?
   ... hyvä ravintola?

   ... ein typisches Restaurant?
   ... tyypillinen ravintola?

   ... ein nicht zu teures Restaurant?
   ... kohtuuhintainen ravintola?

Reservieren Sie uns bitte für heute Abend einen Tisch für vier Personen.
Voisitteko varata meille täksi illaksi pöydän neljälle hengelle.

Auf Ihr Wohl!
Terveydeksi!

Bezahlen, bitte.
Saisinko laskun?

Das Essen war ausgezeichnet.
Ruoka oli erinomaista.

## EINKAUFEN

Wo finde ich ...
Missä on ...

   ... eine Apotheke?
   ... apteekki?

   ... eine Bäckerei?
   ... leipomo?

   ... ein Kaufhaus?
   ... tavaratalo?

   ... ein Lebensmittelgeschäft?
   ... elintarvikeliike?

   ... einen Markt?
   ... tori?

## ÜBERNACHTUNG

Können Sie mir bitte ... empfehlen?
Voisitteko suositella minulle ...

   ... ein Hotel ...
   ... hotellia?

   ... eine Pension ...
   ... matkustajakotia?

Haben Sie noch Zimmer frei?
Onko Teillä vielä vapaita huoneita?

   ... ein Einzelzimmer
   ... yhden hengen huone

   ... ein Doppelzimmer
   ... kahden hengen huone

   ... mit Dusche/Bad
   ... jossa on suihku/kylpyamme

   ... für eine Nacht/Woche
   ... yhdeksi yöksi/viikoksi

Was kostet das Zimmer mit ...
Mitä maksaa huone ...

   ... Frühstück?
   ... aamiaisen kanssa?

   ... Halbpension?
   ... puolihoidolla?

Gibt es hier Ferienhäuser/
Onko täällä vuokrattavia lomamök-

Ferienwohnungen zu mieten?
Gibt es hier die Möglichkeit, Ferien auf dem Bauernhof zu verbringen?

kejä/lomahuonei stoja?

Onko täällä mahdollista viettää lomaa maalaistalossa?

## PRAKTISCHE INFORMATIONEN

### ARZT

Können Sie mir einen guten Arzt empfehlen?
Ich habe hier Schmerzen.
Ich habe Kopfschmerzen.
Ich habe Halsschmerzen.
Ich habe (starke) Zahn-schmerzen.

Voitteko suositella minulle hyvää gu-lääkäriä?
Minua koskee tähän.
Päätäni särkee.
Kurkkuni on kipeä.
Minulla on (kova) hammassärky.

### POST

Was kostet …
… ein Brief …
… eine Postkarte …
… nach Deutschland?
… nach Österreich?
… in die Schweiz?

Mitä maksaa …
… kirje …
… postikortti …
… Saksaan?
… Itävaltaan?
… Sveitsiin?

## ZAHLEN

| | | | |
|---|---|---|---|
| 0 | nolla | 19 | yhdeksäntoista |
| 1 | yksi | 20 | kaksikymmentä |
| 2 | kaksi | 21 | kaksikymmentäyksi |
| 3 | kolme | 30 | kolmekymmentä |
| 4 | neljä | 40 | neljäkymmentä |
| 5 | viisi | 50 | viisikymmentä |
| 6 | kuusi | 60 | kuusikymmentä |
| 7 | seitsemän | 70 | seitsemänkymmentä |
| 8 | kahdeksan | 80 | kahdeksankymmentä |
| 9 | yhdeksän | 90 | yhdeksänkymmentä |
| 10 | kymmenen | 100 | sata |
| 11 | yksitoista | 101 | satayksi |
| 12 | kaksitoista | 200 | kaksisataa |
| 13 | kolmetoista | 1000 | tuhat |
| 14 | neljätoista | 2000 | kaksituhatta |
| 15 | viisitoista | 10000 | kymmenentuhatta |
| 16 | kuusitoista | | |
| 17 | seitsemäntoista | 1/2 | puoli |
| 18 | kahdeksantoista | 1/4 | neljännes |

Landschaft bei Alavus

**> UNTERWEGS IN FINNLAND**

Die Seiteneinteilung für den Reiseatlas finden Sie auf
dem hinteren Umschlag dieses Reiseführers

# REISE ATLAS

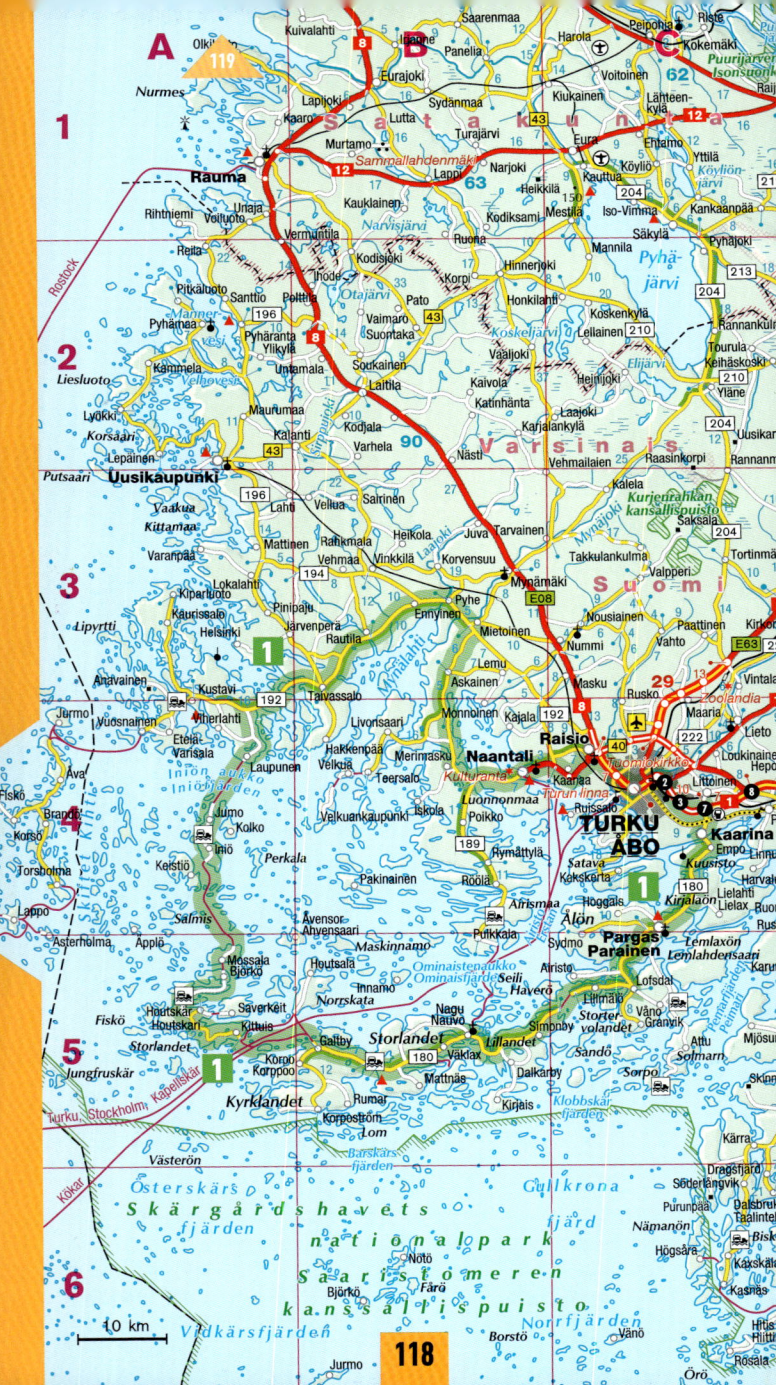

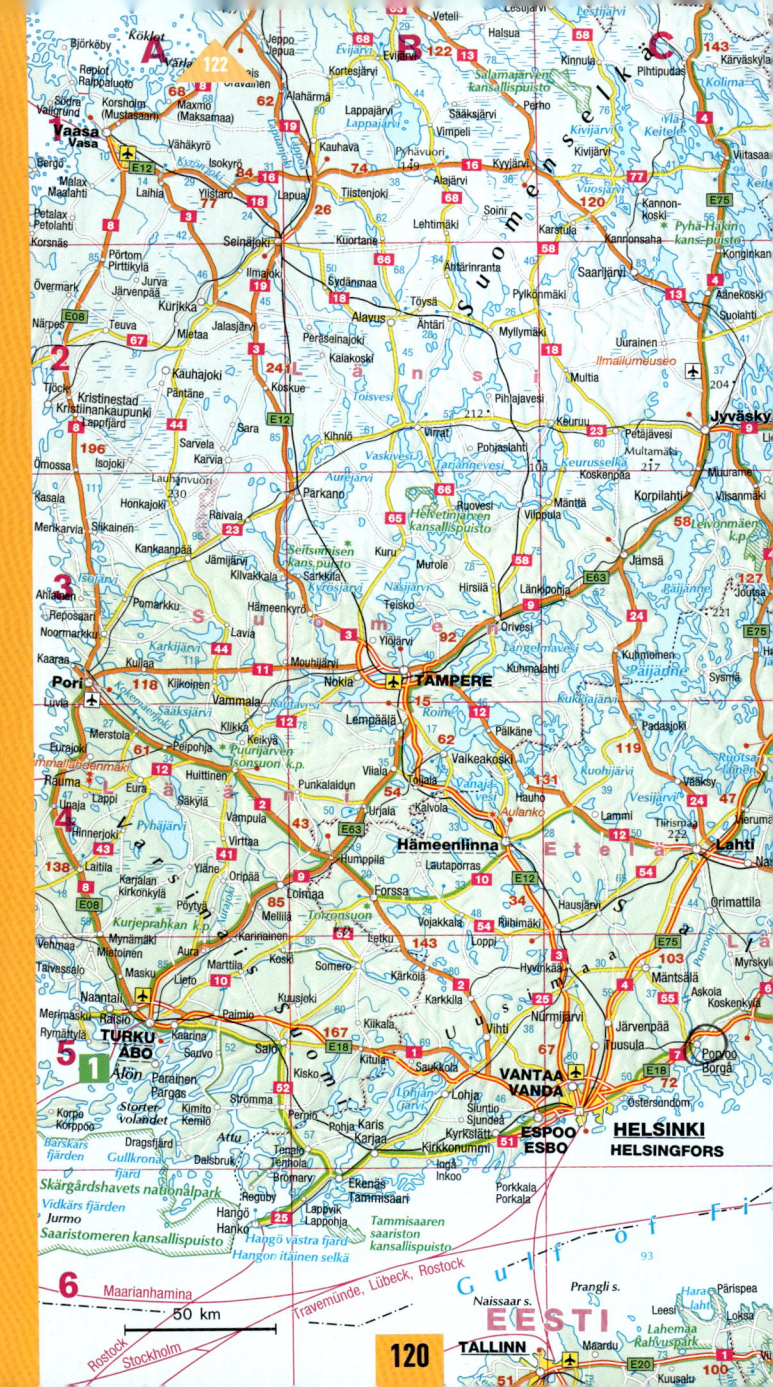

# KARTENLEGENDE

| | |
|---|---|
| Autobahn, mehrspurige Straße - in Bau<br>Highway, multilane divided road - under construction | Autoroute, route à plusieurs voies - en construction<br>Autosnelweg, weg met meer rijstroken - in aanleg |
| Fernverkehrsstraße - in Bau<br>Trunk road - under construction | Route à grande circulation - en construction<br>Weg voor interlokaal verkeer - in aanleg |
| Hauptstraße<br>Principal highway | Route principale<br>Hoofdweg |
| Nebenstraße<br>Secondary road | Route secondaire<br>Overige verharde wegen |
| Fahrweg, Piste<br>Practicable road, track | Chemin carrossable, piste<br>Weg, piste |
| Straßennummerierung<br>Road numbering | Numérotage des routes<br>Wegnummering |
| Entfernungen in Kilometer<br>Distances in kilometers | Distances en kilomètres<br>Afstand in kilometers |
| Höhe in Meter - Pass<br>Height in meters - Pass | Altitude en mètres - Col<br>Hoogte in meters - Pas |
| Eisenbahn - Eisenbahnfähre<br>Railway - Railway ferry | Chemin de fer - Ferry-boat<br>Spoorweg - Spoorpont |
| Autofähre - Schifffahrtslinie<br>Car ferry - Shipping route | Bac autos - Ligne maritime<br>Autoveer - Scheepvaartlijn |
| Wichtiger internationaler Flughafen - Flughafen<br>Major international airport - Airport | Aéroport importante international - Aéroport<br>Belangrijke internationale luchthaven - Luchthaven |
| Internationale Grenze - Provinzgrenze<br>International boundary - Province boundary | Frontière internationale - Limite de Province<br>Internationale grens - Provinciale grens |
| Unbestimmte Grenze<br>Undefined boundary | Frontière d'Etat non définie<br>Rijksgrens onbepaalt |
| Zeitzonengrenze<br>Time zone boundary | Limite de fuseau horaire<br>Tijdzone-grens |
| Hauptstadt eines souveränen Staates<br>National capital | Capitale nationale<br>Hoofdstad van een souvereine staat |
| Hauptstadt eines Bundesstaates<br>Federal capital | Capitale d'un état fédéral<br>Hoofdstad van een deelstaat |
| Sperrgebiet<br>Restricted area | Zone interdite<br>Verboden gebied |
| Nationalpark<br>National park | Parc national<br>Nationaal park |
| Antikes Baudenkmal<br>Ancient monument | Monuments antiques<br>Antiek monument |
| Sehenswertes Kulturdenkmal<br>Interesting cultural monument | Monument culturel intéressant<br>Bezienswaardig cultuurmonument |
| Sehenswertes Naturdenkmal<br>Interesting natural monument | Monument naturel intéressant<br>Bezienswaardig natuurmonument |
| Brunnen<br>Well | Puits<br>Bron |
| Ausflüge & Touren<br>Excursions & tours | Excursions & tours<br>Uitstapjes & tours |

E20  11  70  26

259
130       129

1365
•

HELSINKI

Turku

-4h Greenwich Time
-3h Greenwich Time

★ Chambord

★ Gorges
du Tarn

Saimaa-Seengebiet

*In diesem Register sind alle in diesem Reiseführer erwähnten Orte und Ausflugsziele verzeichnet. Halbfette Seitenzahlen verweisen auf den Haupteintrag, kursive auf ein Foto.*

# IMPRESSUM

## SCHREIBEN SIE UNS!

*Liebe Leserin, lieber Leser,*

wir setzen alles daran, Ihnen möglichst aktuelle Informationen mit auf die Reise zu geben. Dennoch schleichen sich manchmal Fehler ein – trotz gründlicher Recherche unserer Autoren/innen. Sie haben sicherlich Verständnis, dass der Verlag dafür keine Haftung übernehmen kann.

Wir freuen uns aber, wenn Sie uns schreiben.

Senden Sie Ihre Post an die MARCO POLO Redaktion, MAIRDUMONT, Postfach 31 51, 73751 Ostfildern, info@marcopolo.de

## IMPRESSUM

Titelbild: Åland, Landhaus (Bilderberg: Gerber)
Fotos: Bilderberg: Boisvieux (95), Gerber (1); Anne Maarit Cartheuser: Felix Thiele (12 o.); Chez Dominique: Sami Repo (13 o.); DeliDeli: Gregory Sufa (96 M. l.); F1 Online: Austrophoto (70), Siepmann (63); Finnische Zentrale für Tourismus (U. M., 3 M., 11, 21, 22/23, 26, 27, 42, 88, 101, 105, 108); © fotolia.com: Alex (97 o. l.), oleg filipchuk (97 M. l.), David Smith (96 o. l.); Galleria Jangva (15 M.); HB Verlag: Krüger (U. l., 46, 50, 54, 60, 65, 73, 78); HEL LOOKS: Liisa Jokinen and Sampo Karjalainen (12 u.); HOTEL & IGLOO VILLAGE KAKSLAUTTANEN (14 u.); Huber: Gräfenhain (U. r., 3 r., 4 r., 69, 80), Pavan (90), Schmid (24/25), Spila (92/93); R. Irek (3 l., 28/29, 32, 35); © iStockphoto.com: Lya Catell (96 M. r.), Pawel Grabowski (97 u. r.), Izvorinka Jankovic (15 u.), BRANDON JENNINGS (15 o.), Brian Palmer (96 u. r.); V. Janicke (6/7, 116/117); G. Jung (2 l., 5, 37, 111); T. Kliem (8/9, 76/77, 84/85, 98/99); J. Kuehn-Velten (131); Kuudes Linja (13 u.); H. Labonde (131); Mauritius: age (83); Picture Alliance: Antti Aimo-Koivisto (23); S. Randebrock (4 l., 16/17, 19, 28, 29, 41, 56, 66, 74/75, 102/103); Slussen: Aki Roukala (97 M. r.); T. Stankiewicz (30/31, 44/45, 49, 52, 58/59); W. Storto (38); Katja Tukiainen (14 o.); B. Wagner (2 r., 127); Zefa: Jämsen (86)

9., aktualisierte Auflage 2008
© MAIRDUMONT GmbH & Co. KG, Ostfildern
Verlegerin: Stephanie Mair-Huydts; Chefredaktion: Michaela Lienemann, Marion Zorn
Autor: Roland Birkhold; Bearbeitung: Heiner Labonde, Jessika Kuehn-Velten; Redaktion: Andrea Mertes
Programmbetreuung: Cornelia Bernhart, Jens Bey; Bildredaktion: Gabriele Forst, Silwen Randebrock
Szene/24h: wunder media, München
Kartografie Reiseatlas: © MAIRDUMONT, Ostfildern
Innengestaltung: Zum goldenen Hirschen, Hamburg; Titel/S. 1–3: Factor Product, München
Sprachführer: in Zusammenarbeit mit Ernst Klett Sprachen GmbH, Stuttgart, Redaktion PONS Wörterbücher
Das Werk einschließlich aller seiner Teile ist urheberrechtlich geschützt. Jede urheberrechtsrelevante Verwertung ist ohne Zustimmung des Verlages unzulässig und strafbar. Das gilt insbesondere für Vervielfältigungen, Übersetzungen, Nachahmungen, Mikroverfilmungen und die Einspeicherung und Verarbeitung in elektronischen Systemen.
Printed in Germany. Gedruckt auf 100% chlorfrei gebleichtem Papier

# FÜR IHRE NÄCHSTE REISE

## gibt es folgende MARCO POLO Titel:

## Die MARCO POLO Korrespondenten Jessika Kuehn-Velten und Heiner Labonde im Interview

Jessika Kuehn-Velten und Heiner Labonde lieben die Weite Finnlands, die freundlich-unaufgeregte Art seiner Bewohner, das weltoffene Helsinki – und die Sauna.

### Sie haben ein Sommerhäuschen in Finnland. Wie ist es dazu gekommen?

Kuehn-Velten: Seit den frühen 1990ern sind sind wir jedes Jahr in Finnland unterwegs. Irgendwann haben wir dabei das Häuschen entdeckt.
Labonde: Der Besitzer hat es selbst gebaut. Es ist winzig und hat natürlich ein Plumpsklo. Die Lage ist traumhaft: am Puruvesi im Saimaa-Seengebiet Ostfinnlands, mitten im blaugrünen Flickenteppich aus Wäldern und Seen.

### Kommen Sie viel im Land herum?

Labonde: Zweimal pro Jahr packen wir zusammen und machen uns auf nach Finnland. Und auch wenn wir durch unser Mökki eine feste Adresse haben, sind wir viel unterwegs im Land.
Kuehn-Velten: Im Sommer nehmen wir uns Zeit für intensive Recherchen. Dazu nehmen wir das Auto mit und setzen mit der Fähre über: Das ist die beste Art, um auch abgelegene Regionen zu entdecken.

### Mögen Sie die finnische Küche?

Labonde: Mögen wir! Als erstes denke ich da an das wunderbare finnische Brot.
Als zweites an köstliche Beerenkuchen oder das Hefegebäck mit Kardamom.
Kuehn-Velten: Aber daneben gibt's auch ein paar recht seltsame Spezialitäten, wie Leberauflauf, Schwarzwurst oder Malzpudding. Das ist nicht so unser Ding. Aber in die finnischen Beerenweine könnte ich mich glatt reinlegen.

### Was tun Sie in Deutschland?

Labonde: Wir engagieren uns in der Deutsch-Finnischen Gesellschaft. Außerdem leite ich einen Kleinverlag, der sich auf finnische Themen spezialisiert hat.

### Für immer nach Finnland?

Kuehn-Velten: Finnisch ist schwierig, und wir sprechen es noch lange nicht perfekt. Ich arbeite in Deutschland als Kinderpsychotherapeutin und im Kinderschutz: Solange ich in meinem Hauptberuf stehe, kann ich mir einen kompletten Umzug nicht vorstellen.
Labonde: Es hat uns schon gereizt, ich selbst habe früher schon einmal zwei Jahre in Helsinki gelebt. Aber ich bin von Geburt Ostfriese – und die sind nicht nur reisefreudig, sondern auch heimatverbunden. Ein halbes Jahr hier, ein halbes Jahr dort, das wäre ideal.

# > BLOSS NICHT!

## Toleranz hat ihre Grenzen: Was die geduldigen Finnen nervt

### Müll achtlos wegwerfen

Die Finnen achten (zunehmend) auf ihre Natur. Und sie schützen sie vor Vermüllung und Verschmutzung. Es gibt zentrale Sammelstellen für Abfälle und Sondermüll. Wenn Sie zelten, wandern, in der Natur unterwegs sind, nehmen Sie Dosen, Kippen und anderes bitte mit zum nächsten Sammelpunkt.

### Büfett plündern

Finnen sehen es gern, wenn es den Gästen schmeckt und sie sich reichlich am Büfett bedienen – aber sie schätzen es gar nicht, wenn man glaubt, sich dort für den Rest des Tages bevorraten zu müssen. Wer etwas für einen Ausflug mitnehmen möchte, sollte, wo es sich anbietet, höflich fragen.

### Drinnen rauchen

Seit Sommer 2007 ist das Rauchen in öffentlichen Gebäuden, Museen, Hotels, Restaurants und Kneipen nicht mehr erlaubt – Nichtraucherschutz wird ernst genommen. Die Finnen haben sich schon daran gewöhnt und rauchen auch im Winter vor der Tür – halten Sie mit. Allerdings darf man in Kneipen ohne Draußen-Ausschank das Bier dazu nicht mit hinaus nehmen.

### Verkehrsrowdy werden

Halten Sie sich an die angegebenen Geschwindigkeitsbegrenzungen. Auf einer Schotterpiste fährt es sich anders als auf der Autobahn, und auch die mögliche Begegnung mit Elch und Rentier spricht für einen achtsamen Fahrstil. Außerdem werden Verkehrsübertretungen unnachgiebig und mit hohen Sätzen geahndet.

### Mit Schuhen in die Wohnung

Finnen halten ihre Wohnungen blitzsauber, was bei den hellen Holzböden auch wichtig ist. Jedermann geht zu Hause auf Socken. In der Stadt hat sich die Sitte zwar etwas verflacht, aber Sie machen auf jeden Fall einen guten Eindruck, wenn Sie beim Betreten einer Privatwohnung die Schuhe ausziehen.

### Drängeln

Drängelei kann der Finne nicht leiden, es widerspricht seinem Gerechtigkeitssinn. Wo man warten muss, kann man meist eine Nummer ziehen, die genau angibt, wer wann dran ist, ob in Post und Bank oder am Ticketschalter. Der Vorteil: Man kann sich getrost auf eine Bank setzen oder die Füße vertreten, ohne seinen „Anspruch" zu verlieren.

### Privatsphäre stören

Man schaut nicht in Fenster, auch nicht in Höfe oder Gärten. Sollten Sie bei einer Wanderung zufällig auf eine Hütte stoßen, halten Sie angemessenen Abstand, denn auf Privatgrund haben Fremde nichts zu suchen. Trifft man dort Personen, entschuldigt man sich mit einem höflichen *anteeksi!*